新 視 野

中華經典文庫

新 視 野
中華經典文庫

呂氏春秋

名譽主編 饒宗頤

導讀及譯注 何志華

中華書局

新視野中華經典文庫

呂氏春秋

□
導讀及譯注
何志華

□
出版
中華書局（香港）有限公司
香港北角英皇道 499 號北角工業大廈一樓 B
電話：(852) 2137 2338　傳真：(852) 2713 8202
電子郵件：info@chunghwabook.com.hk
網址：http://www.chunghwabook.com.hk

□
發行
香港聯合書刊物流有限公司
香港新界大埔汀麗路 36 號
中華商務印刷大廈 3 字樓
電話：(852) 2150 2100　傳真：(852) 2407 3062
電子郵件：info@suplogistics.com.hk

□
印刷
深圳中華商務安全印務股份有限公司
深圳市龍崗區平湖鎮萬福工業區

□
版次
2013 年 7 月初版
2022 年 4 月第 3 次印刷

□
規格
大 32 開（205 mm × 143 mm）

□
ISBN：978-988-8236-87-9

出版說明

為甚麼要閱讀經典？道理其實很簡單——經典正正是人類智慧的源泉、心靈的故鄉。也正是因此，在社會快速發展、急劇轉型，因而也容易令人躁動不安的年代，人們也就更需要接近經典、閱讀經典、品味經典。

邁入二十一世紀，隨着中國在世界上的地位不斷提高，影響不斷擴大，國際社會也越來越關注中國，並希望更多地了解中國、了解中國文化。另外，受全球化浪潮的衝擊，各國、各地區、各民族之間文化的交流、碰撞、融和，也都會空前地引人注目，這其中，中國文化無疑扮演着十分重要的角色。相應地，對於中國經典的閱讀自然也就有不斷擴大的潛在市場，值得重視及開發。

於是也就有了這套立足港臺、面向海外的「新視野中華經典文庫」的編寫與出版。希望通過本文庫的出版，繼續搭建古代經典與現代生活的橋樑，引領讀者摩挲經典，感受經典的魅力，進而提升自身品位，塑造美好人生。

本文庫收錄中國歷代經典名著近六十種，涵蓋哲學、文學、歷史、醫學、宗教等各個領域。編寫原則大致如下：

（一）精選原則。所選著作一定是相關領域最有影響、最具代表性、最值得閱讀的經典作品，包括中國第一部哲學元典、被尊為「群經之首」的《**周易**》，儒家代表作《**論語**》、《**孟子**》，道家代表作《**老子**》、《**莊子**》，最早、最有代表性的兵書《**孫子兵法**》，最早、最系統完整的醫學典籍《**黃帝內經**》，大乘佛教和禪宗最重要的經典《**金剛經**》、《**心經**》、《**壇經**》，中國第一部詩歌總集《**詩經**》，第一部紀傳體通史《**史記**》，第一部編年體通史《**資治通鑑**》，中國最古老的地理學著作《**山海經**》，中國古代最著名的遊記《**徐霞客遊記**》，等等，每一部都是了解中國思想文化不可不知、不可不讀的經典名著。而對於篇幅較大、內容較多的作品，則會精選其中最值得閱讀的篇章。使每一本都能保持適中的篇幅、適中的定價，讓普羅大眾都能買得起、讀得起。

（二）尤重導讀的功能。導讀包括對每一部經典的總體導讀、對所選篇章的分篇（節）導讀，以及對名段、金句的賞析與點評。導讀除介紹相關作品的作者、主要內容等基本情況外，尤強調取用廣闊的「新視野」，將這些經典放在全球範圍內、結合當下社會生活，深入挖掘其內容與思想的普世價值，及對現代社會、現實生活的深刻啟示與借鑒意義。通過這些富有新意的解讀與賞析，真正拉近古代經典與當代社會和當下生活的距離。

（三）通俗易讀的原則。簡明的注釋，直白的譯文，加上深入淺出的導讀與賞析，希望幫助更多的普通讀者讀懂經典，讀懂古人的思想，並能引發更多的思考，獲取更多的知識及更多的生活啟示。

（四）方便實用的原則。關注當下、貼近現實的導讀與賞析，相信有助於讀者「古為今用」、自我提升；卷尾附錄「名句索引」，更有助讀者檢索、重溫及隨時引用。

（五）立體互動，無限延伸。配合文庫的出版，開設專題網站，增加朗讀功能，將文庫進一步延展為有聲讀物，同時增強讀者、作者、出版者之間不受時空限制的自由隨性的交流互動，在使經典閱讀更具立體感、時代感之餘，亦能通過讀編互動，推動經典閱讀的深化與提升。

這些原則可以說都是從讀者的角度考慮並努力貫徹的，希望這一良苦用心最終亦能夠得到讀者的認可、進而達致經典普及的目的。

「弘揚中華文化」是中華書局的創局宗旨，二〇一二年又正值創局一百週年，「承百年基業，傳中華文明」，本局理當更加有所作為。本文庫的出版，既是對百年華誕的紀念與獻禮，也是在弘揚華夏文明之路上「傳承與開創」的標誌之一。

需要特別提到的是，國學大師饒宗頤先生慨然應允擔任本套文庫的名譽主編，除表明先生對本局出版工作的一貫支持外，更顯示先生對倡導經典閱讀、關心文化傳承的一片至誠。在此，我們要向饒公表示由衷的敬佩及誠摯的感謝。

倡導經典閱讀，普及經典文化，永遠都有做不完的工作。期待本文庫的出版，能夠帶給讀者不一樣的感覺。

中華書局編輯部

二〇一二年六月

目錄

《呂氏春秋》成書經過及其思想概述
——《呂氏春秋》導讀

何志華

一、呂不韋其人其書

《史記・呂不韋列傳》記：「呂不韋者，陽翟大賈人也。[1]往來販賤賣貴[2]，家累千金。」呂不韋是戰國末年衛國（今河南省濮陽一帶）的著名商人，以買賣致富。

秦昭王四十年，太子死。四十二年，昭王以其次子安國君為太子。安國君有兒子二十餘人，他立寵愛之姬為正夫人，號曰華陽夫人，可是華陽夫人無子。安國君有一個兒子名叫子楚[3]，子

1 《史記索隱》指「翟」：「音狄，俗又音宅。地理志縣名，屬潁川。」按《戰國策》記呂不韋乃濮陽人，濮陽於戰國屬衛，陽翟屬韓，兩地相距甚遠。《呂氏春秋・高誘注》亦謂不韋濮陽人。「商」、「賈」古訓有別，行貨曰「商」，居貨曰「賈」。

2 即賤價買入，貴價賣出之意。

3 子楚即莊襄王。《戰國策》記述子楚本名異人，後從趙返回秦國，呂不韋便吩咐他穿楚服見王后，王后喜歡他，說：「吾楚人也。」然後把他當成兒子，於是「變其名曰子楚」。

楚的生母名叫夏姬，得不到安國君寵愛。子楚以秦國人質的身份留在趙國。然而，由於秦國多次攻打趙國，所以趙國對子楚並不禮貌。

子楚既質於趙，平素財用不足，生活十分困苦，並不得意。呂不韋於邯鄲經商，見子楚而憐之，以為「奇貨可居」。呂不韋於是往見子楚，遊說他曰：「吾能大子之門。」子楚不以為然，笑說：「且自大君之門，而乃大吾門！」呂不韋曰：「子不知也，吾門待子門而大。」子楚心明不韋意欲，於是與不韋合謀大計。呂不韋對子楚說：「秦王老矣，安國君得為太子。竊聞安國君愛幸華陽夫人，華陽夫人無子，能立適嗣者獨華陽夫人耳。今子兄弟二十餘人，子又居中，不甚見幸，久質諸侯。即大王薨，安國君立為王，則子毋幾得與長子及諸子旦暮在前者爭為太子矣。」呂不韋於是以千金為子楚西遊入秦，說服安國君及華陽夫人，立子楚為適嗣，子楚亦向不韋許諾，他日如登上皇位，將會「分秦國與君共之」。

當時，呂不韋新娶了年輕貌美、能歌善舞的邯鄲女子趙姬，而趙姬已懷身孕。在一次酒宴上，子楚見趙姬姿色甚美，便要求呂不韋成全其事。呂不韋雖然生氣，唯念及已為子楚用盡家財，「欲以釣奇」，於是將趙姬獻給子楚。趙姬隱瞞自己已懷身孕，到十二個月大期時生下兒子，取名政，即後來的秦始皇。從此母以子貴，趙姬被子楚立為夫人。

秦昭王在位五十六年去世，安國君繼位，是為孝文王；以華陽夫人為王后，子楚為太子。趙亦奉子楚夫人及子政歸秦。一年後，孝文王死，子楚繼位為莊襄王，一切皆如不韋所料，莊襄王尊母華陽后為華陽太后，生母夏姬尊為夏太后。呂不韋為丞相，封文信侯，食河南雒陽十萬戶。莊襄王即位三年而薨，太子政被立為王（即後來的秦始皇），時年十三，尊呂不韋為相國，號稱「仲父」。呂不韋掌握國家全權，家僮萬人，富可敵國。唯太后因秦王年少而時時私通呂不韋，埋下日後呂不韋失勢的伏線。

當時，魏有信陵君，楚有春申君，趙有平原君，齊有孟嘗君，號稱戰國四公子，均為喜賓客之士，名重士林。呂不韋以秦國之強，在招賢納士方面，竟不如四公子，因此亦招攬士人，並加厚待，至食客三千人。這時的諸侯多用辯士，如荀卿之徒，著書佈於天下。呂不韋於是吩咐食客人人各著所聞，集各論著為八覽、六論、十二紀，合共二十餘萬言，認為已備天地萬物古今之事，號曰《呂氏春秋》。他更佈書於咸陽市門，懸千金於其上，延請諸侯、遊士、賓客等，稱如有人能增損一字，即予千金。

秦王政日漸長大，太后淫亂不止。呂不韋恐禍將及己，於是私求大陰人嫪毒為舍人，並把嫪毒贈予太后。呂不韋使人以腐刑之罪狀告嫪毒，其實未有施以腐刑，俾嫪毒假扮為宦官入宮與太后私通。秦王政九年，有人告發嫪毒不是宦官，常與太后私亂，更誕下二子。於是秦王政令官吏深入調查，後來查明屬實，此事禍連相國呂不韋。九月，始皇夷嫪毒三族，殺太后所生兩子，遷太后於雍。秦王政希望進一步誅討相國呂不韋，但念及呂氏有功於秦，不忍致法。秦王政十年十月，秦王政免去呂不韋相國之職，並令其離開咸陽，就國河南。後來因為不韋的賓客多次請求，秦王政恐生事變，於是賜呂不韋書曰：「君何功於秦？秦封君河南，食十萬戶。君何親於秦？號稱仲父。其與家屬徙處蜀！」呂不韋明白形勢不妙，恐大難將至，難免伏誅，飲酖服毒而死。

有關呂不韋著書的動機，前人的論述十分詳細，概略言之，約有數說：

1. 顯名後世：明方孝孺《遜志齋集．讀呂氏春秋》指出：「不韋以大賈乘勢，市奇貨，致富貴，而行不謹，其功業無足道者，特以賓客之書，顯其名於後世。」

2. 欺世盜名：明代陳懿典《讀史漫筆》云：「不韋，盜之雄也。既盜秦國，復以招賓客盜當年名，著書盜後世名，令後世讀呂覽者知不韋而不復知有諸賓客。」[4] 及後清代方號頤《方忍齋所著書．讀呂子》又云：「千古大盜，無如陽翟大賈始也，居奇貨以盜人之國，繼也集儒書以盜後世名，其人心術品詣，尚可問乎？」

對於此論說，一些學者未盡認同，例如田鳳台《呂氏春秋探微》云：「不韋著書，沽譽求名誠有，盜名之說難採。誠以呂氏之書，未嘗以集眾為諱。《史記》明言『呂不韋使賓客人人著所聞。』《漢書．藝文志．雜家．呂氏春秋》下亦明題呂不韋輯智略士作，是未曾掩他人之長以為

4 〔明〕陳懿典：《讀史漫筆》，載張舜徽主編：《二十五史三編（第一分冊）》（長沙：岳麓書社，一九九四年），頁五二。

己有也。古無聯名著書之例，書成歸之不韋，亦若魏公子兵法，屬之信陵，淮南屬之劉安，是未盜名之證。」

3. 東學西移：錢穆先生《秦漢史》云：「秦人本無文化可言，東方游士西入秦者，又大多為功名之士，對其故土文化，本已抱不滿之感，欲求別闢新局以就功業……其大規模的為東方文化西漸之鼓動者，厥為呂不韋。呂不韋亦籍隸三晉，然其在秦所努力者，實欲將東方學術移植西土。不僅如商鞅范雎諸人，只求在政治上有所建白而已。」又云：「不韋乃欲將東方學術文化大傳統，移植西土，其願力固宏，其成績亦殊可觀，即今傳《呂氏春秋》一書，便是其成績品也。」

至於《呂氏春秋》一書的思想屬性，班固《漢書・藝文志》將之歸入雜家，並云：「雜家者流，蓋出於議官。兼儒、墨，合名、法，知國體之有此，見王治之無不貫，此其所長也。及蕩者為之，則漫羨而無所歸心。」由此可見，〈藝文志〉對雜家的析述包括其源流及特色，認為雜家源出古代議官，亦即諫官；雜家學術思想以儒、墨、名、法為主，乃結合四家思想而成的。其實，呂書所言，兼及多家思想，豈只儒、墨、名、法四家而已。清汪中《述學補遺・呂氏春秋序》云：「周官失職，而諸子之學以興，各擇其術以明其學，莫不持之有故，言之成理，及比而同之，則仁之與義，敬之與和，猶水火之相反也，最後《呂氏春秋》出，則諸子之說兼有之。」又梁啟超《中國學術思想變遷之大勢》云：「當時諸派之大師，往往兼營他派之言，以光大本宗，如儒家者流之有荀卿也，兼治名家法家言者也；道家者流之有莊周也，兼治儒家言者也；法家者流之有韓非也，兼治道家言者也。北南東西四文明，愈接愈厲，至是幾將合一爐而治之，雜家之起於是時，亦運會使然也。」可見呂書作為首部雜家文獻，其成書於秦，實為時代所需，應運而生。

二、成書於「維秦八年，歲在涒灘」解

有關《呂氏春秋》的成書時間，《呂氏春秋·序意》開篇謂「維秦八年，歲在涒灘」，按《爾雅·釋天》曰：「太歲在申曰涒灘」，意即該年太歲在申。至於「維秦八年」，即指秦王政在位第八年（前二三九），依據《史記·六國年表》，「始皇帝元年」（實為秦王政元年，前二四六年。秦王政在位第二十六年統一天下，稱「始皇帝」，《史記·六國年表》概以「始皇帝×年」紀之）句下《史記集解》引徐廣云：「乙卯」[5]，如果秦王政在位第一年乃「乙卯」，則第八年該是「壬

5 見司馬遷：《史記》（北京：中華書局，一九五九年），頁七五一。

戌」，可是在戌年時，太歲應在「閹茂」，而非「涒灘」。「涒灘」乃「維秦六年」，而非八年。學者因此提出種種質疑，今試加解釋如下。

（一）干支紀日法

古代以干支紀日，即運用「十天干」、「十二地支」的組合來記錄日子。「十天干」依次為甲、乙、丙、丁、戊、己、庚、辛、壬、癸；「十二地支」依次為子、丑、寅、卯、辰、巳、

1	甲子	13	丙子	25	戊子	37	庚子	49	壬子
2	乙丑	14	丁丑	26	己丑	38	辛丑	50	癸丑
3	丙寅	15	戊寅	27	庚寅	39	壬寅	51	甲寅
4	丁卯	16	己卯	28	辛卯	40	癸卯	52	乙卯
5	戊辰	17	庚辰	29	壬辰	41	甲辰	53	丙辰
6	己巳	18	辛巳	30	癸巳	42	乙巳	54	丁巳
7	庚午	19	壬午	31	甲午	43	丙午	55	戊午
8	辛未	20	癸未	32	乙未	44	丁未	56	己未
9	壬申	21	甲申	33	丙申	45	戊申	57	庚申
10	癸酉	22	乙酉	34	丁酉	46	己酉	58	辛酉
11	甲戌	23	丙戌	35	戊戌	47	庚戌	59	壬戌
12	乙亥	24	丁亥	36	己亥	48	辛亥	60	癸亥

由十天干及十二地支組成的六十干支

午、未、申、酉、戌、亥。古人以甲子、乙丑順序組合，至癸亥合共六十干支，依序推演。中國早於殷商時期便使用六十干支紀日，一日一干支名號，從不間斷。至於古人夜觀天象，為求記錄星體移動的過程，又將「十二支」應用於天空區域之劃分，稱為「十二辰」。方法是以正南方為「午」，正北方為「子」，正東方為「卯」，正西方為「酉」。因而，由正北至正南，經過天空之直線稱為「子午線」。

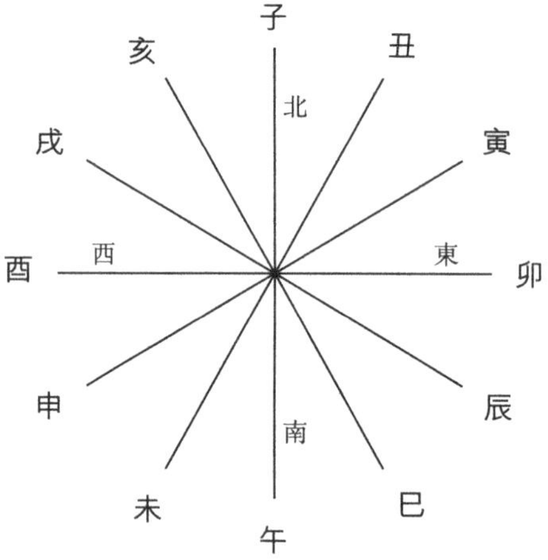

十二辰（十二支應用於天空區域之劃分）

（二）歲星紀年概說

在觀測星體運行的過程中，古人得知木星每約十二年運行一周天，於是將周天分為十二分，稱為「十二次」。古人以木星為歲星，木星是以逆時針方向運行的，每年約移動「一次」。由於逆時針運行不便記錄，於是古人假設了一顆歲星，該歲星與木星運行方向相反而速度相同，稱為「太歲」，以每年太歲星所在稱呼該年，稱為太歲紀年，其稱謂如下：

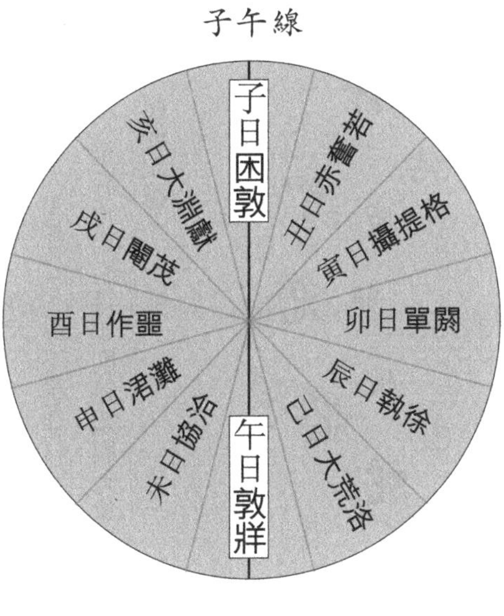

歲星紀年圖

這就像今天以十二生肖紀年，均以十二支順序排列，從「子」到「亥」，方法相同，兩者的分別只在於歲星紀年需與天象配合，以木星運行週期推算太歲所在，而太歲所在年則以「涒灘」、「單閼」等詞稱之；至於十二生肖年則無須與天象配合，僅須順排而記，生肖年即以動物「牛」、「虎」等為名，便於記憶。

十二支生肖紀年

（三）「超辰」之說

古人認為木星每十二年運行一周，然而，木星實際上每 11.86 年運行一周，因此，當古人將天空分為十二辰時，木星每運行一周天，便會與古人推算的位置有所偏差；每過 84.7 年，就出現一辰之偏差，即木星的實際位置將超過原來假設的位置一次（或稱一辰）。其計算公式如下：$X = (12X \div 11.86) - 1$。X 表示出現超過假設位置一格（即「超辰」）之年數。由此方程式推算，$X = 84.71$，那即表示，歲星每八十四年到八十五年會超辰一次。

由此可見，古人使用歲星紀年法的日子久了，就不能與實際天象互相符合。因此，必須改革曆法。漢武帝太初以後，歲星紀年法與後世的干支紀年法相互銜接，從太初上溯至秦統一中國時，歲星紀年比干支紀年落後一辰，上溯至戰國時期則落後二辰。西漢末劉歆提出歲星每一百四十四年超辰一次的算法，然而超辰計算方法實際上並未曾應用於紀年法中。後來，東漢改用《四分曆》時，已放棄了歲星紀年法，只沿用干支紀年法。劉歆認為歲星每一百四十四年超辰一次，這計算方法稱為「超辰法」，其實劉歆的計算亦有偏差，依據木星週期，每十二年出現 0.15 辰之偏差，即約 84.7 年便出現一辰之偏差，超辰一次。

（四）〈序意〉「歲在涒灘」一語所衍生的問題

《呂氏春秋·序意》開篇說：「維秦八年，歲在涒灘」，按《爾雅·釋天》：「太歲在申曰涒灘」，意即該年太歲在申。至於「維秦八年」，即秦王政在位第八年，正如上文所言，漢太初以後，歲星紀年法跟漢代干支紀年互相連接，可以純用干支表示年份。依據《史記·六國年表》「始皇帝元年」句下《史記集解》引徐廣之言，指始皇元年（實為秦王政元年）為「乙卯」，如果秦王政在位第一年真的是「乙卯」，則第八年應該是「壬戌」，戌年太歲在「閹茂」，而非「涒灘」。「涒灘」乃「維秦六年」，而非八年。

有見及此，錢塘提出超辰之說以求解決問題，然而卻難以成立。原因在於紀年不論用年號數目紀年（例如始皇元年、二年、三年……），抑或用干支紀年（甲寅、乙卯、丙辰、丁巳……），都必須順序計算。超辰現象可以解釋紀年的干支與天上歲星所在脫節的現象，然而卻不能改變順序而計算的數目紀年，又或干支紀年；不然歷史按紀年編寫，中間因超辰而缺少了一年的記錄（諸如順記甲寅、乙卯，然後跳到丁巳），這在中國古代歷史上從沒出現過，亦即超辰計算方法實際上從未應用於歷史紀年中。

王引之《經義述聞·太歲考》認為「維秦八年」，「八」乃「六」之訛。又反駁錢塘超辰之說，認為太歲超辰之計算，始於劉歆《三統術》，在此之前是未有的。然而王引之之說並不足信，因超辰乃天文現象，這與劉歆論說的出現先後無關，如果維秦八年，太歲在申，該年史官夜觀天象，即可得知，不當因劉歆未提論說，而誤記歲星位置。王引之認為「維秦八年」乃「維秦六年」之誤，乃從後世傳鈔《呂氏春秋》字形訛誤推論，旨在配合「歲在涒灘」的天文現象，其實未可盡信。

（五）秦、漢兩朝曆法之別

秦統一中國以後，在全國頒行「顓頊曆」。但此曆據考證上自秦獻公十九年已在秦使用。顓頊曆以冬十月為歲首（一年之始），輪至九月為年末。歲首十月同樣稱為十月，不改稱一月或正月。「端月」（即一月或夏曆正月）是立春之月，二十四節氣的起點。「正月」為避秦王政的名諱而改為端月，閏月置於年末九月之後為後九月，即歲末置閏法。太歲在某，乃據顓頊曆計算的。漢承秦制，沿用顓頊曆，直至漢武帝元封七年，即公元前一〇四年才頒行新曆，改此年為太初元年，稱為太初曆，以正月為歲首，定太初元年之干支紀年為「丁丑」。徐廣謂始皇元年（秦王政元年）之干支紀年為「乙卯」，即據太初元年為「丁丑」，往上推算而得。

（六）《漢書·律曆志》兩記干支紀年與太歲在某不合例證

假設太初元年（即元封七年）不是丁丑，則始皇元年（秦王政元年）也不會是乙卯，始皇八年（秦王政八年）也不會是壬戌。如果太初元年確為丁丑，則太初元年時太歲該在丑，然而考證《漢書．律曆志》云：

至於元封七年，復得閼逢攝提格之歲，中冬十一月甲子朔旦冬至，日月在建星，太歲在子，已得太初本星度新正。姓等奏不能為算，願募治曆者，更造密度，各自增減，以造漢《太初曆》。[6]

我們一直以為太初元年為丁丑年，太歲在丑，其實太初元年為丙子年，所以該年「太歲在子」。太初元年為丙子年，太初二年方為丁丑年。據此可知，干支紀年以太初元年為丁丑，往上推算過去歷史上每年的干支，從一開始就有一年的誤差。同理，以太初元年為丁丑往上推，則高祖元年為乙未，如果高祖元年為乙未，則太歲該在未。然而考證《漢書．律曆志》云：

漢高祖皇帝，著《紀》，伐秦繼周。木生火，故為火德。天下號曰漢。距上元年十四萬三千二十五歲，歲在大棣之東井二十二度，鶉首之六度也。故《漢志》曰歲在大棣，名曰敦牂，太歲在午。[7]

6《漢書》（北京：中華書局，一九六二年），頁九七五。
7《漢書》，頁一〇二三。

我們一直以為高祖元年為乙未年，太歲在未；其實高祖元年時太歲在午，實為甲午年，高祖二年方為乙未年。

（七）「維秦八年，歲在涒灘」解

根據《漢書·律曆志》，漢高祖元年，太歲在午；元封七年（即太初元年），太歲在子。這與現在據太初元年為「丁丑」上推各年干支，認為高祖元年為「乙未」，元封七年為「丁丑」，得知太歲紀年與干支紀年之間，其實有一年的誤差。由此推算，所謂「維秦八年，歲在涒灘」，太歲在涒灘乃申年，此語並無錯誤，唯申年作為干支紀年應同樣有一年誤差。

我們一直據太初元年為「丁丑」上推維秦八年乃壬戌年，其實這亦有一年之誤差。維秦八年其實為辛酉年，維秦九年方為壬戌年。由此推算，維秦七年乃庚申年；申年，歲在涒灘，太歲在涒灘之年，即為〈序意〉篇所言呂書成書之年。然則為何《呂氏春秋·序意》說：「維秦八年，歲在涒灘」？為何太歲不在維秦八年時，移至辛酉年，即歲在作噩？道理其實很簡單：秦用顓頊曆，以十月為歲首，每歲計算方法，皆以十月起首計算，至翌年十月為一歲；至於始皇歲次（始皇元年、二年、三年……七年、八年）則以正月開始，至十二月終結。假設呂書書成之日，在維秦八年卻未到十月，則其太歲仍在申次的一年期間之內，因此維秦八年十月以前，太歲仍在申位，故曰「維秦八年，歲在涒灘」。由此推知，呂書〈序意篇〉說「維秦八年，歲在涒灘」，其實並無錯誤，因為那一年是秦王政登位第八年，但未到十月，抬頭看木星所在，因而推知太歲所在，太歲在申位，所以說歲在涒灘。

如以現代事例為喻，二〇一二年，梁振英先生接任特首，那年是龍年，古書可記作「梁振英元年，歲在巨龍」；到了二〇一三年一月初，梁振英先生進入第二年執政，但如當時未到農曆正月（二月十日為蛇年年初一），我們仍會說其時是：「梁振英二年，歲在巨龍。」因為尚未到蛇年正月，太歲仍留在龍的位置。所以「歲在巨龍」，就同時出現在梁振英一年和梁振英二年了。

三、全書編排結構

《呂氏春秋》全書由三部分組成，即為「十二紀」、「八覽」及「六論」，合計二十六總篇。「十二紀」中，每「紀」之下又再區分為五篇；「八覽」中，除了第一「覽」〈有始覽〉現存僅得七篇外[8]，其他各「覽」都一致地再分為八篇；至於「六論」，每「論」之下，則一律再分為六篇。「十二紀」末，又附有〈序意〉一篇。每篇篇名，皆以兩字為題，諸如「重生」、「貴生」、「盡數」等。可見《呂氏春秋》一書編排異常整齊，極有規律。由此推敲，《呂氏春秋》之編撰，似當依據嚴密的撰寫計劃，而非隨意編寫的。傅武光《呂氏春秋與先秦諸子之關係》云：

> 蓋呂書之形式極整齊，內容則紀、覽、論彼此相呼應，其出於完整之計劃、精密之調配無疑，故其編著也，必全部同時完成，而非部分先出，餘留異日之修補也。

田鳳台《呂氏春秋探微》云：

> 十二紀六十篇，各按月令配合……八覽六論，八覽篇目皆八，六論篇目皆六……故余之見解，事先約定者僅十二紀、八覽、六論之綱要，而其下屬諸篇，則由撰寫人按綱旨發揮，至其篇目，皆以兩字標題，全書一致。其中重複誤引之處，或由篇成非一時，審閱未

8 〈有始覽〉原來應有八篇，今本《呂氏春秋》脫去一篇。

盡遍，或由後人竄亂。然此書篇幅大致長短整齊，即文字結構，多先標題旨，次申論斷，後舉例證，篇末呼應全文作為總結。

《呂氏春秋》一書內容豐富，以下會分別從「貴生」說、「養生」說、「時機論」、「治身治國一理」、「因而不為」的具體治國政策、治國之道、賞罰論等方面闡析《呂氏春秋》的主要內容與思想。

四、「貴生」說

(一)「貴生」思想溯源

《呂氏春秋》開首為「十二紀」，「十二紀」開首即為與「月令」相關的篇章，即〈孟春紀〉、〈仲春紀〉以下至〈季冬紀〉共十二篇。如果刪去此十二篇，〈孟春〉之後第一篇為〈本生〉，其次的〈仲春〉之後就是〈貴生〉。由此可見，《呂氏春秋》的編者認為「生」的意義十分重大。其實「重生」與「貴生」的思想，乃源於楊朱學說。孟子謂「楊子取為我」，又謂「楊氏為我」[9]，顯見「為我」正是楊子學說的精髓。《呂氏春秋》亦言及楊朱學說，然而《呂紀》不稱之為「為我」，而稱之為「貴己」。《呂氏春秋・不二》曰：

> 老耽貴柔，孔子貴仁，墨翟貴廉[10]，關尹貴清，子列子貴虛，陳駢貴齊，陽生貴己，孫臏貴勢。

可見「貴己」猶言「為我」。至於《韓非子・顯學》總論楊朱，認為：

> 今有人於此，義不入危城，不處軍旅，不以天下大利易其脛一毛，世主必從而禮之，貴其智而高其行，以為輕物重生之士也。

可見韓非總論楊朱學說為「輕物重生」。韓非以為「重生」，《呂氏春秋》以為「貴己」。細意考之，除卻「十二紀」紀首諸篇外，《呂氏春秋》起首曰「本生」，其次即為「重己」，顯而易見，

9 「楊子取為我」語出《孟子・盡心上》，「楊氏為我」語出《孟子・滕文公下》。
10 孫詒讓云：「廉」即「兼」之借字。

《呂氏春秋》「貴生之論」，其源即發自楊朱學說。

然而，楊朱活躍於孟子之前，而《呂氏春秋》成書於《荀子》之後，楊朱與《呂》書，兩者相距年代久遠。期間，《荀子》一書對於戰國以至西漢的哲學思想皆有極其深遠的影響，故此《呂氏春秋》在襲用楊朱「貴己」的學說時，可曾受《荀子》學說的影響而加以修訂，亦可深思。下文論及《呂氏春秋》「貴生說」與《荀子》之關係，可見在「人性天授」一說上，《呂紀》採用了《荀子》的學說。由此推論，《呂紀》「貴生」之說，其源出自楊朱，而以《荀子》學說完善之。

（二）「貴生」思想內容概說

「生」原義為「使之生」，引申為「生命」，其同源字為「性」，「性」指一切物件與生俱來的本質，簡言之，就是物的本質。《呂氏春秋》既言「養生」，亦言「養性」；既言「全生」，亦言「全性」。可見「生」、「性」兩字於《呂紀》一書中，意義相近。

《呂紀》開宗明義，便極言「生」之可貴：「聖人深慮天下莫貴於生。」（《呂氏春秋．貴生》）這裏稱「生」，或稱「大貴之生」，以表示「生」不只是「貴」，更是「貴之最者」，因此說「大貴之生」。《呂氏春秋．情欲》：

古人得道者，生以壽長，聲色滋味，能久樂之，奚故？論早定也。論早定則知早嗇，知早嗇則精不竭。秋早寒則冬必煖矣，春多雨則夏必旱矣，天地不能兩，而況於人類乎？人之與天地也同，萬物之形雖異，其情一體也。故古之治身與天下者，必法天地也。尊、酌者眾則速盡。萬物之酌大貴之生者眾矣，故大貴之生常速盡。非徒萬物酌之也，又損其生以資天下之人，而終不自知。功雖成乎外，而生虧乎內。

《呂氏春秋》除了明言「大貴之生」外，亦從「貴賤」、「輕重」、「安危」三方面，以比較角度強調「生」之可貴。《呂氏春秋．重己》云：

今吾生之為我有，而利我亦大矣。論其貴賤，爵為天子，不足以比焉；論其輕重，富有天下，不可以易之；論其安危，一曙失之，終身不復得。此三者，有道者之所慎也。

可見就其「輕重」而言，「生」比諸「天下」更重要。《呂氏春秋．貴生》又以堯讓天下於子州支父為例，再加說明。《呂氏春秋．貴生》云：

堯以天下讓於子州支父。子州支父對曰：「以我為天子猶〔之〕可也。雖然，我適有幽

> 憂之病，方將治之，未暇在天下也。」天下，重物也，而不以害其生，又況於他物乎？惟不以天下害其生者也，可以託天下。

同樣就其「輕重」立論，《呂紀》又以「隨侯之珠」為喻，《呂氏春秋．貴生》：

> 凡聖人之動作也，必察其所以之與其所以為。今有人於此，以隨侯之珠彈千仞之雀，世必笑之，是何也？所用重（而）所要輕也。夫生豈特隨侯珠之重也哉？

《呂氏春秋》倡言「貴生」，「貴生」即為權衡「輕重」所得的結論。古人所謂的「輕重」，就像今人所說的「價值觀」。由此言之，以價值而論，「爵為天子」、「富有天下」、「隨侯之珠」，三者都是天下的瑰寶，皆不足與「生命」相比，其餘的事物更不足論矣。

（三）「貴生」之因

《呂紀》認為「生」之可貴，是因為「生」可以使人得「六欲之宜」，《呂氏春秋．貴生》：

子華子曰：「全生為上，虧生次之，死次之，迫生為下。」故所謂尊生者，全生之謂。所謂全生者，六欲皆得其宜也。所謂虧生者，六欲分得其宜也。虧生則於其尊之者薄矣。其虧彌甚者也，其尊彌薄。所謂死者，無有所以知，復其未生也。所謂迫生者，六欲莫得其宜也，皆獲其所甚惡者，服是也，辱是也。

可見《呂紀》雖然認為「生命」可貴，然而最痛苦的，卻並非失去「生命」，因為世上有比失去「生命」更痛苦的，就是所謂「迫生」。因此，與其「迫生」，不如死。所謂「迫生」者，意指「六欲莫得其宜」。《呂氏春秋·貴生》：

辱莫大於不義，故不義，迫生也，而迫生非獨不義也，故曰迫生不若死。奚以知其然也？耳聞所惡，不若無聞；目見所惡，不若無見。故雷則掩耳，電則掩目，此其比也。凡六欲者，皆知其所甚惡，而必不得免，不若無有所以知，無有所以知者，死之謂也，故迫生不若死。嗜肉者，非腐鼠之謂也；嗜酒者，非敗酒之謂也；尊生者，非迫生之謂也。

可見「生命」的價值，在乎「六欲」是否得宜。然而，當「六欲」與「生」相互排斥，《呂氏春秋》倡言重「生」而輕「欲」，貴在「養生」。如《呂氏春秋·貴生》說：「耳雖欲聲，目雖欲色，鼻雖欲芬香，口雖欲滋味，害於生則止。」表明「六欲」雖然可貴，唯當與「生」相斥時，則重在取「生」。

若論「生」之與「欲」，孰貴孰輕？請先論「外物」與「心性」的關係。依孟子所言，人類對「外物」的欲念，可以「思考」分析，從而知所去取，而「欲」與「思」，皆人性的本質，是與生俱來的。

然而，荀子卻主張「欲」乃「性」的部分，本受於天，眾人皆同。他又認為「心」非受於天，乃後世生活積習使然，每人積習有別，所以每人的心思亦有所不同。荀子在《荀子．正名》中以「天之一欲」對應「心之多求」，提出「欲」乃天賜，是人性的一部分，此本與生俱來，即所謂「所受乎天」，世人無從干預。至於「求」，乃在乎「從所可」。其「可」抑或「不可」，則全在「心」之權衡輕重，所以「求」乃「所受乎心」。「欲」受乎天，凡人皆有欲，這是一致的，故曰「天之一欲」；凡人的內心世界皆不相同，故曰「心之多求」。每人的內心世界皆有不同，這是後天生活積習使然，荀子因此以為「固難類所受乎天也」。

孟、荀對「物」「心」的關係，觀念有別，然而兩家皆認為「心」能思考，並能作出選擇，且認為「心」乃內在思維，與「外物」對立。就「心」而言，一切宇宙萬物皆為「外物」。至於《呂氏春秋》〈貴生〉也說：

天下，重物也，而不以害其生，又況於他物乎？惟不以天下害其生者也[11]，可以託天下。

可見《呂氏春秋》認為「生」遠較「外物」可貴，即使面對重物如「天下」，也不能與「生」相比。《呂氏春秋．本生》：「物也者，所以養性也，非所以性養也。」指出「物」僅為「養生」之手段，本身並無價值可言。易言之，「物」之價值乃為「派生價值」，「生」之價值乃「自身價值」。倘若「生」之價值被否定，「物」亦無價值可言。

《呂氏春秋》因而提出「生」、「物」二者的從屬關係。《呂氏春秋．必己》引述《莊子》之言：

莊子笑曰：「周將處於材、不材之間。材、不材之間，似之而非也，故未免乎累。若夫〈乘〉道德則不然：無訝無訾[12]，一龍一蛇，與時俱化，而無肯專為；一下一上，以禾為量[13]，而浮游乎萬物之祖，物物而不物於物，則胡可得而累？

11 《莊子．讓王》無「也」字。

12 「訝」一字於《莊子．山木》作「譽」，疑「訝」乃「譽」之聲誤。

13 「禾」讀為「和」，《莊子．山木》正作「和」。

《呂氏春秋》倡言「物物而不物於物」，其說既本莊子，其實亦見於《荀子．修身》：

志意脩則驕富貴，道義重則輕王公，內省而外物輕矣。《傳》曰：「君子役物，小人役於物。」此之謂也。身勞而心安，為之；利少而義多，為之。

細意觀之，《莊子》、《荀子》以「自身」與「外物」對舉，提出不當以「自身」從役於「外物」。《呂氏春秋》進一步提出不當以「生命」從役於「感官」，而該以「感官」為「生命」勞役。「生命」之與「感官」本來皆為「自身」所有，《呂氏春秋》細加區別，旨在標明「生命」之可貴，證成「貴生」之論。《呂氏春秋．貴生》云：

聖人深慮天下莫貴於生。夫耳目鼻口，生之役也。耳雖欲聲，目雖欲色，鼻雖欲芬香，口雖欲滋味，害於生則止。

可見《呂氏春秋》認為「耳」、「目」、「鼻」、「口」都應當為「生命」服役。既然本屬「自身」範疇的「感官」，仍得為「生命」服役，則不屬「自身」範疇的「外物」，更當從役於「生命」了。

（四）「性」、「欲」之別

《呂氏春秋》認為不應以「欲」害「生」，然而常人未明白此理。究其原因，亦足深思。中國古代哲學思想大抵以「人」為本，而探究「人」之本性，則在於探求「人性」中「欲念」之本質。《呂氏春秋》亦然，其論「欲念」之先，先論「人性」。它認為「性」就是事物的「本質」，「本質」乃天受，而非出於人力。

對於「欲」，《呂氏春秋》論之亦詳。《呂氏春秋·大樂》：

天使人有欲，人弗得不求。天使人有惡，人弗得不辟。欲與惡所受於天也，人不得與焉，不可變，不可易。

由此觀之，則「性」之與「欲」，皆受於天，而且非人力所能改易的，此即兩者的共通點。至於「性」「欲」之別，《呂紀》言之較少，而其理論則源自《荀子》，《荀子》則詳言之。《荀子·正名》：

性者、天之就也，情者、性之質也，欲者、情之應也。

《荀子》與《呂氏春秋》所言相近，皆認為「性」乃天所成就，非人力所能改易的。

（五）「欲」、「求」之別

「欲」既得之於天，則非人力所能干預的，《呂氏春秋·大樂》：

> 天使人有欲，人弗得不求。天使人有惡，人弗得不辟。欲與惡，所受於天也，人不得與焉，不可變，不可易。

又《呂氏春秋·情欲》：

> 故耳之欲五聲，目之欲五色，口之欲五味，情也。此三者，貴賤、愚智、賢不肖欲之若一，雖神農、黃帝，其與桀、紂同。

上述兩段言及「求」與「欲」，然而《呂紀》未有清楚區分兩者之別。相反，《孟子》、《荀子》兩書言之極詳。《孟子·盡心上》指出：「求」之與否，與成敗其實並無直接關係，成敗關鍵全然在乎命數，意在說明凡事不可強求。《荀子》同樣反對多欲多求，其在《荀子·正名》提出「欲」雖過大、過多，而行動未嘗隨之而發，是因為內心的修為制止了「欲」；相反，如行動超越了「欲念」，是內心的慫恿使然。故此，《荀子》進一步提出如何以「心」止「欲」。

由此可見，《孟子》認為「求」之成敗，全在天意；《荀子》則重在「心」之制「求」。而《呂氏春秋》則認為制欲殊非易事，只有聖人可以為之。《呂氏春秋·情欲》：

> 天生人而使有貪有欲。欲有情，情有節。聖人修節以止欲，故不過行其情也。聖人之所以異者，得其情也。由貴生動則得其情矣，不由貴生動則失其情矣。

「節」意指「合理之限度」，而聖人就是從「合理之限度」考量，控制欲念。聖人能夠成功控制欲念，異於常人，乃因聖人能得「欲念」之實質內容（即「情」），再從此等實質內容中得其合理之限度（即「節」）。易言之，聖人得見欲念之「合理限度」（即「欲之節」）。聖人之所以得見「欲之節」，乃因他們從「貴生」出發，以「貴生」作為最終原則決定「欲念」內容實質之合理限度。

（六）「貴生」作為「合理限度」的原則

聖人以「貴生」為「節」的準則，其具體學說其實很容易明白，試舉兩例說明：《呂氏春秋．貴生》：

> 聖人深慮天下莫貴於生。夫耳目鼻口，生之役也。耳雖欲聲，目雖欲色，鼻雖欲芬香，口雖欲滋味，害於生則止。在四官者不欲，（不）利於生者則（弗）為。由此觀之，耳目鼻口，不得擅行，必有所制。譬之若官職，不得擅為，必有所制。此貴生之術也。

又如《呂氏春秋．本生》：

> 今有聲於此，耳聽之必慊，已聽之則使人聾，必弗聽。有色於此，目視之必慊，已視之則使人盲，必弗視。有味於此，口食之必慊，已食之則使人瘖，必弗食。是故聖人之於聲色滋味也，利於性則取之，害於性則舍之，此全性之道也。

可見《呂氏春秋》「貴生」之論，崇尚自然，無須道德規條之限制，此與《孟子》、《荀子》所論不同。

如欲了解更多有關《呂氏春秋》貴生思想的篇章，可閱讀《孟春紀・本生》、《孟春紀・重己》、《仲春紀・貴生》、《仲春紀・情欲》、《離俗覽・用民》、《離俗覽・為欲》、《季冬紀・不侵》及《季冬紀・士節》。

五、「養生說」概述

《呂氏春秋》的「養生說」，究其原始，實出自齊國的稷下學派。齊國國都城門名為「稷門」，稷門附近有一地域稱為「稷下」，是戰國時期知識分子的聚集之地。據裴駰《史記集解》引劉向《別錄》云：「齊有稷門，城門也。談說之士期會於稷下也。」此即所謂「稷下學派」。稷下學派倡言黃老養生之學，其說俱見於《管子》。《管子》提出黃老之「道」，其實為「氣」，萬物皆由「氣」所生，而「氣」的形態千變萬化。「氣」之在「天」者，則幻化為「日」；「氣」之在「人」者，則幻化而為「心」。此「道」之化身，或稱為「氣」，或稱為「精」。就「生物」而言，其所能襲取宇宙間的精氣越多，其「生命力」就越大。此外，《管子・內業》又指出「精氣」內藏不竭，不僅能令「生命力」旺盛，智力過人，甚或有助於道德修為，推而言之，更能預知未來，遠離災害，成為聖人。《管子》又進一步推論，認為人襲取天下的「精氣」，能洞見天地萬物的變化。

此外，稷下學派強調精氣充盈於身，可使身健力強，可以洞悉天地。然而，世人吸收「精氣」後，仍得妥善保存，否則，精將遠去，不再保存於身體內。至於保存精氣的方法，則在寡欲。世人如能靜心去欲，不僅可以守住「精氣」，避免外泄；推而言之，更能吸收在身外運行和宇宙之間的「精氣」，集於己心，俾使體魄強健，延年益壽，生命力更為旺盛。

《呂氏春秋》繼承稷下學派的「精氣說」，認為善於保存形體內的精氣，便能長命不衰。因此，《呂氏春秋》提出了具體的養生方法，藉以保留形體內存的精氣。概略言之，有以下四個重點：

1. 流動不鬱

《呂氏春秋》主張「精氣說」，因此提出養生具體方法時，亦緊扣「精氣說」而立論。《呂氏春秋．盡數》云：

> 流水不腐，户樞不螻，動也。形氣亦然，形不動則精不流，精不流則氣鬱。鬱處頭則為腫為風，處耳則為挶為聾，處目則為䁾為盲，處鼻則為鼽為窒，處腹則為張為府，處足則為痿為蹷。

可見《呂氏春秋》認為百病之源全在於精氣鬱結，為求精氣流動不鬱，應當保持運動，所謂「形不動則精不流」。《呂氏春秋・達鬱》曰：

> 凡人三百六十節，九竅五藏六府。肌膚欲其比也，血脈欲其通也，筋骨欲其固也，心志欲其和也，精氣欲其行也，若此則病無所居而惡無由生矣。病之留，惡之生也，精氣鬱也。故水鬱則為污，樹鬱則為蠹，草鬱則為菑。

《呂氏春秋》認為「精氣欲其行」，具體言之，則為保持運動。保持運動，能使血脈暢通，筋骨堅固，而精氣流行不鬱，便「病無所居」，自能身強體健。

2. 少私寡欲

《呂氏春秋》認為「精氣」安居於形體之內，不受外物干擾，則年壽得長，可以盡其天年。為免受外物干擾，則當少私寡欲，修養情性，追求平淡祥和，避免大喜大怒。《呂氏春秋・盡數》云：

> 天生陰陽寒暑燥濕，四時之化，萬物之變，莫不為利，莫不為害。聖人察陰陽之宜，辨萬物之利以便生，故精神安乎形，而年壽得長焉。長也者，非短而續之也，畢其數也。

畢數之務，在乎去害。何謂去害？大甘、大酸、大苦、大辛、大鹹，五者充形則生害矣。大喜、大怒、大憂、大恐、大哀，五者接神則生害矣。大寒、大熱、大燥、大濕、大風、大霖、大霧，七者動精則生害矣。故凡養生，莫若知本，知本則疾無由至矣。

《呂氏春秋》倡言少私寡欲，溯其源流，乃出自「貴生說」。「貴生說」認為君主養生之道，在乎少私寡欲，戒除奢華的生活，自可全生保命。《呂氏春秋．本生》：

貴富而不知道，適足以為患，不如貧賤。貧賤之致物也難，雖欲過之奚由？出則以車，入則以輦，務以自佚，命之曰佁蹷之機。肥肉厚酒，務以自彊，命之曰爛腸之食。靡曼皓齒，鄭、衛之音，務以自樂，命之曰伐性之斧。三患者，貴富之所致也。故古之人有不肯貴富者矣，由重生故也，非夸以名也，為其實也。則此論之不可不察也。

3. 飲食得道

所謂飲食之道，其實亦與精氣說相關涉，《呂氏春秋．重己》云：「味眾珍則胃充，胃充則中大鞔；中大鞔而氣不達，以此長生可得乎？」可見飲食得飽，則使「胃充」，而「胃充」會使胸腹脹滿鬱結，不利於精氣於體內運行，以致長生無望。因此飲食之道，在乎少私寡欲，進食力求清淡、合時。〈盡數〉云：

凡食無彊厚，味無以烈味重酒，是以謂之疾首。食能以時，身必無災。

至於飲食養生的基本方法，〈盡數〉指出應適度節制，「無飢無飽」。而飲食舉止，則在乎「和精端容」，旨在不礙體內精氣運行。統而言之，所謂飲食之道，其實亦與精氣説相關連。

4. 善於養體

綜上所論，可見《呂氏春秋》的「養生説」，其實溯源自稷下「精氣説」，因此《呂紀》討論養生之道，乃緊扣「精氣説」立論，所謂「養生」之説，其實重在「養氣」，而非「養形」。所謂「養形」之道，其旨亦在輔助「精氣」，使「精氣流通無阻」而已。《呂氏春秋·先己》：

凡事之本，必先治身，嗇其大寶。用其新，棄其陳，腠理遂通。精氣日新，邪氣盡去，終其天年。此之謂真人。

馮友蘭《中國哲學史新編》認為「治身」即為「養形」，〈先己〉指出通過「養形」，可以驅除體內陳腐之氣，並且吸納新鮮精氣，從而得享天年。可見「養形」之道，推本溯源，亦在「養氣」。

至於「養形」的具體方法，相對於「養氣」而言，乃專指養護身體、五官，而兼及心志的具體方法，其重點見於《呂氏春秋．孝行》：

養有五道：修宮室，安床笫，節飲食，養體之道也。樹五色，施五采，列文章，養目之道也。正六律，龢五聲，雜八音，養耳之道也。熟五穀，烹六畜，龢煎調，養口之道也。龢顏色，說言語，敬進退，養志之道也。此五者，代進而序用之，可謂善養矣。

如欲了解更多《呂氏春秋》有關養生方法的篇章，可閱讀《季春紀．盡數》、《恃君覽．達鬱》及《孝行覽．孝行》。

六、時機論

《呂氏春秋》為人君說法，崇尚「立功名」。所謂「立功名」，即指「成功之道」。《呂氏春秋》門客反覆思考，稽查古今成敗的故事，成就其「時機」論說。此等論說，未見於其他先秦諸子，可見「時機」之論，亦呂書獨到之見。《呂紀》所謂「時機論」，大略言之，其旨意分別為「首時」、「遇合」及「必己」：

（一）首時（以時機為首要）

《呂氏春秋》認為舉事求望成功，首要「待時」，「時」即指時機。《呂氏春秋》極言「時機」之可貴，「時機」一至，而功名可成，〈首時〉云：

> 時至，有從布衣而為天子者，有從千乘而得天下者，有從卑賤而佐三王者，有從匹夫而報萬乘者，故聖人之所貴，唯時也。

可見《呂氏春秋》認為「時機」的可貴。「時機」之所以如斯珍貴，乃因「時機」有兩大特性，其一為：時機一過，天不再與；其二為：時不久留，稍縱即逝。這就是〈首時〉所說的：「天不再與，時不久留，能不兩工，事在當時。」

另一方面，倘若時機未至，不論「聖人」抑或「有道之士」，都要待時，不能操之過急。《呂氏春秋》乃雜家之言，呂氏門客兼包各家宗派，然而各派皆認為時機未至，則當待時，並無二致。如〈首時〉云：

聖人之於事，似緩而急、似遲而速以待時……故有道之士未遇時，隱匿分竄，勤以待時。

這裏說「勤以待時」，指出有道之士未遇時，應當勤勉不怠，這近於儒家之言。不過《呂氏春秋．任數》則謂：「無言無思，靜以待時，時至而應，心暇者勝。」這裏則倡言無為，安靜心暇以待時機，又似道家之言。無論如何，呂書記述兩家主張「待時」的觀念皆同，可見「待時」是呂書的重要思想。

（二）遇合（兩重機遇的互相配合）

《呂氏春秋．遇合》開篇即云：「凡遇，合也，時不合，必待合而後行。」呂書所謂的「遇合」，亦有層次。考「遇合」首要之義，在於得遇明君，「遇合」猶言「遇人」。由此推論，從這一層次理解，「遇合」是指得遇明君的「時機」。《呂紀》仔細考量前人的故事，認為士人求遇明君，其成敗關鍵在於天意，不是人事所能勉強的。此所以聖賢如孔子，修身立志以干世主，亦有不遇時之嘆。《呂氏春秋・遇合》云：

> 孔子周流海內，再干世主，如齊至衞，所見八十餘君，委質為弟子者三千人，達徒七十人，七十人者，萬乘之主得一人用可為師，不為無人，以此遊僅至於魯司寇，此天子之所以時絕也。

孔子周流海內，其宦途僅至於魯司寇而止。這並不是孔子的問題，只是因為時機未至。時機不至，殆為天意，非人力所能干預。《呂氏春秋・長攻》云：

> 譬之若良農，辯土地之宜，謹耕耨之事，未必收也；然而收者，必此人也。始在於遇時雨，遇時雨，天〔地〕也，非良農所能為也。

這裏說良農能「辯土地之宜，謹耕耨之事」，可見良農努力不懈，然而仍未能保證收穫可觀，原因是農耕收成，全取決於良農是否得遇時雨，而時雨之來，乃天意使然，不在人事。士人求遇明君亦是同樣道理，時機不至，遭際未遇，即使努力，終亦徒然，所以《呂氏春秋・遇合》說「遇合也無常」。

相反，時機一至，則舉事而功成，功名大立。《呂氏春秋．慎人》云：

> 百里奚之未遇時也，亡虢而虜晉，飯牛於秦，傳鬻以五羊之皮。公孫枝得而說之，獻諸繆公，三日，請屬事焉。繆公曰：「買之五羊之皮而屬事焉，無乃〔為〕天下笑乎？」公孫枝對曰：「信賢而任之，君之明也；讓賢而下之，臣之忠也；君為明君，臣為忠臣。彼信賢，境內將服，敵國且畏，夫誰暇笑哉？」繆公遂用之。謀無不當，舉必有功，非加賢也。使百里奚雖賢，無得繆公，必無此名矣。

可見所謂百里奚「遇時」，就是指得遇明君的時機。百里奚得遇繆公，乃「謀無不當，舉必有功。」倘若不得其遇，即使他再賢能，亦無所用。

以上乃就「遇合」第一重意義立論，指士人得遇明君。至於第二重意義，則在「士人得遇明君」的意義之上，再推而廣之。意指舉事求望成功，必須等待兩重機遇相遇配合，方始有望。《呂氏春秋．長攻》：

> 凡治亂存亡，安危彊弱，必有其遇，然後可成，各一則不設。故桀、紂雖不肖，其

亡、遇湯、武也，遇湯、武、天也，非桀、紂之不肖也；湯、武雖賢，其王遇桀、紂也，遇桀、紂，天也，非湯、武之賢也。若桀、紂不遇湯、武，未必亡也；桀、紂不亡，雖不肖，辱未至於此。若使湯、武不遇桀、紂，未必王也；湯、武不王，雖賢，顯未至於此。

此處謂「必有其遇，然後可成，各一則不設」，強調兩重機遇相互配合，然後可成，單一機遇則無從成功。[14] 因此，湯、武賢德，是一重機遇；桀、紂無道，乃另一重機遇；兩重機遇相互配合，湯、武舉事乃成，桀、紂敗亡受辱。至於兩重機遇能否相互配合，亦是天意使然，不是人事所能干預的，此與一重機遇的特性相同。

（三）必己（必在己，無不遇矣）

《呂氏春秋》既認為成敗興亡全在天意，則人事努力，似皆徒勞無功。然而，《呂紀》不以為然，其深明成敗關鍵縱然在天，然而人事努力決不可廢。《呂氏春秋．慎人》云：

14 按張雙棣《呂氏春秋譯注》訓解「各一則不設」句意，謂：「意思是，如果彼此相同，就不實現這些了。一，一律，相同。」恐亦曲說。陳奇猷《呂氏春秋校釋》謂「『各一』，謂不相遇。『各一則不設』，猶言不相遇則不成也。」與文意相合，亦《呂紀》時機論的正確理解。

夫舜遇堯，天也；舜耕於歷山，陶於河濱，釣於雷澤，天下説之，秀士從之，人也。夫禹遇舜，天也；禹周於天下，以求賢者，事利黔首，水潦川澤之湛滯壅塞可通者，禹盡為之，人也。夫湯遇桀，武遇紂，天也；湯武修身積善為義，以憂苦於民，人也。

可見《呂紀》亦深明人事之重要，湯、武是否得遇桀、紂，固屬天意，然而湯、武修身積善為義，從不苟且，亦是成功的要素。如果時機不至則已，但時機一至，其得民心而立功名者，則必定是湯、武。由此可見，人事努力亦是成功的要素。

另一方面，《呂紀》認為成功與否，固屬天意使然，凡此皆為外力，非個人可以控制的。《呂氏春秋．必己》謂：

外物不可必，故龍逄誅，比干戮，箕子狂，惡來死，桀、紂亡。人主莫不欲其臣之忠，而忠未必信，故伍員流乎江。

所謂「外物不可必」，即指外力干預，其中變數難以掌握。然而，君子不當退縮，仍須修身立志，以求在自身處努力，不受外來因素干預。君子在自身處努力，充分準備，應付一切不可預計的變數。屆時「遇」與「不遇」，亦無關重要，而成功已然在握。

如欲了解更多有關《呂氏春秋》「時機論」的篇章，可閱讀《孝行覽．首時》、《孝行覽．遇合》、《孝行覽．長攻》、《孝行覽．必己》、《孝行覽．慎人》及《慎大覽．不廣》。

七、治國的總體原則：「治身治國一理」說

《呂氏春秋》之撰寫，旨在為人君說法，因此《呂氏春秋》全書論及「功名」的地方不勝枚舉。[15] 人君欲立功名，必須治國有道。然而，《呂氏春秋》所言為君治國之道，論其要旨，則全在乎「治國之本在於治身」。

15 舉例而言，《呂氏春秋．功名》：「由其道，功名之不可得逃，猶表之與影，若呼之與響。」又〈用眾〉云：「夫取於眾，此三皇、五帝之所以大立功名也。」又〈先己〉：「故心得而聽得，聽得而事得，事得而功名得。五帝先道而後德，故德莫盛焉；三王先教而後殺，故事莫功焉。」又〈順民〉：「先王先順民心，故功名成。」皆論先王所以能「立功名」之因由，以為當世人君說法。

（一）「治國在於治身」論說溯源

《呂氏春秋》深信治國之本在乎治身，治身而天下治，《呂氏春秋．先己》云：

> 湯問於伊尹曰：「欲取天下若何？」伊尹對曰：「欲取天下，天下不可取。可取，身將先取。」凡事之本，必先治身，嗇其大寶。用其新，棄其陳，腠理遂通。精氣日新，邪氣盡去，（及）〔終〕其天年。此之謂真人。昔者先聖王，成其身而天下成，治其身而天下治。故善響者不於響於聲，善影者不於影於形，為天下者不於天下於身。

文中勸勉為君者欲求治國之道，須反本溯源，先治己身。又如《呂氏春秋．審分》曰：「夫治身與治國，一理之術也。」指出治身與治國其實一理相通，如能治身，則能治國。這種治國之本在於治身的思想，推本溯源，乃據儒、道兩家論說歸納所得，再加發揮而成其說。

（二）儒家「以身作則」相關論說

今先論儒家所倡「治身治國一理」之說，《論語．子路》：「子曰：『其身正，不令而行；其身不正，雖令不從。』」孔子認為其身正則不令而行，顯然專為國君治國而言。為君者先務正身，身既正，則不令而行。又如《論語・子路》：「子曰：『苟正其身矣，於從政乎何有？不能正其身，如正人何？』」孔子認為世人如能端正己身，則從政治國便再無困難；但是如不能正身，則不能正人，更遑論正天下了。至於《孟子・離婁上》又云：

> 孟子曰：「人有恆言，皆曰：『天下國家。』天下之本在國，國之本在家，家之本在身。」

可見孟子亦認為治身然後可以治家，治家然後可以治國，治國然後可以治天下。孔、孟學說，如出一轍。由此歸納，儒家學說認為從「道德教化」而言，在上位者對於平民百姓的影響力，並非依靠法令的頒佈與執行，而是「以身作則」。在上位者以身作則，百姓自當依從。另《荀子》亦有相關論說，闡明君主治國「以身作則」之理，當中荀子設喻為說，而更為具體。《荀子・君道》：

> 請問為國？曰：聞脩身，未嘗聞為國也。君者、儀也，〔民者、景也〕，儀正而景正；君者、槃也，民者、水也，槃圓而水圓；君者、盂也，盂方而水方。君射則臣決。楚莊王好細要，故朝有餓人，故曰：聞脩身，未嘗聞為國也。

總而言之，孔、孟、荀皆言「以身作則」，可見儒家學說贊成「治身治國一理之術」，恰正《呂氏春秋》為君治國論說的依據。

（三）道家「治天下始於治身」相關論說

儒家以外，道家亦有相關論說。道家認為治國之本亦在治身，早見《老子》第五十四章：

修之於身，其德乃真；修之於家，其德乃餘[16]，修之於鄉，其德乃長；修之於國[17]，其德乃豐；修之於天下，其德乃普。故以身觀身。以家觀家，以鄉觀鄉，以國觀國[18]，以天下觀天下。吾何以知天下〔之〕然哉？以此。

16 見《馬王堆漢墓帛書乙本老子》（北京：文物出版社，一九七六年），頁四〇、《韓非子・解老》（《四部叢刊》影上海涵芬樓藏影宋鈔校本），卷六，頁一〇ｂ，並作「有餘」。

17 「國」當作「邦」。《韓非子・解老》卷六頁一〇ｂ作「邦」，今本作「國」者，蓋避漢高祖諱改。

18 當作「以邦觀邦」，《馬王堆漢墓帛書甲本老子》頁五作「以邦觀邦」，今本兩「邦」字並作「國」者，蓋避漢高祖諱改。

可見老子亦認為治「天下」，亦從治「身」開始。又《莊子．讓王》：

道之真以治身，其緒餘以為國家，其土苴以治天下。

按《莊子．讓王》與《呂氏春秋》關係密切，當中因襲關係有待深究[19]。〈讓王〉認為「道之真」當用於治身，至其「緒餘」、「土苴」方用於治國，乃至治天下，顯見「貴生」之義。然而，《莊子．讓王》既以為「治身」「治國」「治天下」所用之「道」其實相同，則亦贊同「治身治國一理之術」。

(四)《呂氏春秋》直接稱述儒、道兩家學者論說

《呂氏春秋》對於儒、道兩家論說皆有採錄，兼收並蓄。《呂氏春秋》所論「治身治國一理之術」，部分乃託為孔子之言而加以申述，如《呂氏春秋．先己》：

19《莊子．讓王》此文又見《呂氏春秋．貴生》。

故欲勝人者必先自勝，欲論人者必先自論，欲知人者必先自知。《詩》曰：「執轡如組。」孔子曰：「審此言也可以為天下。」子貢曰：「何其躁也？」孔子曰：「非謂其躁也，謂其為之於此，而成文於彼也，聖人組脩其身，而成文於天下矣。」

《呂氏春秋》引孔子言指出「聖人組脩其身，而成文於天下」，闡明「治身」與「治天下」一理相通。《呂氏春秋．先己》再次引用孔子之言，提出「得之於身者得之人，失之於身者失之人。」因此，凡事反求諸己，從自身處努力，不必他求。苟能治身，就能「不出門戶而天下治」。以上兩段皆託為夫子之言，可見《呂氏春秋》編者推尊儒家，進一步發揮儒家「以身作則」之理。

至於道家學者之言，則有稱述詹何的話，詹何可見於《淮南子》。《淮南子．道應》曾言「治身治國一理之術」：

楚莊王問詹何曰：「治國奈何？」〔詹何〕對曰：「何明於治身，而不明於治國？」楚王曰：「寡人得奉宗廟社稷，願學所以守之。」詹何對曰：「臣未嘗聞身治而國亂者也，未嘗聞身亂而國治者也。故本在於身，不敢對以末。」楚王曰：「善。」故老子曰：「修之身，其德乃真也。」

《淮南子》稱述詹何論說，乃引《老子》之言相互印證，以見詹子之言與老子之道相應，亦可見詹何乃道家者流。至於《呂氏春秋》亦有稱述詹何之言，以說明「治身治國一理之術」，見《呂氏春秋·執一》：

> 楚王問為國於詹子。詹子對曰：「何聞為身，不聞為國。」詹子豈以國可無為哉？以為為國之本在於為身，身為而家為，家為而國為，國為而天下為。故曰以身為家，以家為國，以國為天下。此四者，異位同本。

詹何謂「以身為家，以家為國，以國為天下。」然後說明「身」、「家」、「國」、「天下」四者異位同本，恰好闡明「治身治國一理之術」。

如欲了解更多有關《呂氏春秋》「治身治國一理」說的篇章，可閱讀《季春紀·先己》及《審分覽·執一》。

八、「因而不為」的具體治國政策

《呂氏春秋》倡議治國的基本思想是「因而不為」。然而，人君「因而不為」，又如何落實國家政令？如何執行眾多事務呢？《呂氏春秋》深思熟慮，在「因而不為」的思想綱領下，為人君提出具體的治國政策，俾使人君得以成功管治，政令得以貫徹執行。這些治國政策，概略言之，就是「用眾」、「刑名」與「用民」。

（一）用眾

人君治國，單憑一己的智慧，即使天資聰明，個人能力畢竟有限，而且人君深居宮中，耳目所及，不過朝廷宮室之內，見聞未廣，錯誤難免。《呂氏春秋》深明此理，於是在〈任數〉云：

> 耳目心智，其所以知識甚闕，其所以聞見甚淺。以淺闕博居天下、安殊俗、治萬民，其說固不行。十里之間而耳不能聞，帷牆之外而目不能見，三畝之宮而心不能知。

這裏指出人君耳目心智所及者有限，而天下知識無窮，以有限之力，追求無窮的知識，自然心勞日拙。因此，若要成功，就不能單靠君主個人力量，而得借助群眾的智慧，又《呂氏春秋·用眾》云：

故以眾勇無畏乎孟賁矣，以眾力無畏乎烏獲矣，以眾視無畏乎離婁矣，以眾知無畏乎堯、舜矣。夫以眾者，此君人之大寶也。

可見治國當借助眾力。《呂氏春秋》倡言治國「用眾」，並非憑空構想，而是從實際情況考慮的。《呂氏春秋·知度》從反面論證，假設人君不用眾力，單憑一己聰明才智，事事逞強，群臣自然不敢提出己見，唯有事事請示君主，君主所知有限，遇有疑難，未能及時應對，便會有損君威，其敗必然。因此，人君不知用眾，猶如捨本逐末，其敗必然。《呂氏春秋》不僅從反面立論，以見人君不用眾力之弊，亦從正面申論，具體説明人君任用眾智的方法及其效益。《呂氏春秋·分職》先論用眾的具體方法：

夫君也者，處虛（素服）〔服素〕而無智，故能使眾智也；智反無能，故能使眾能也；能執無為，故能使眾為也。無智、無能、無為，此君之所執也。

可見君主如若用眾，必先無智、無能，然後無為。君主無為，百官自然畢盡其能以求表現，這樣，君主便得以任用眾力，使國家大治。《呂氏春秋》又從正面列舉古聖賢王「用眾」而成其功業者，以見「用眾」的效益。《呂氏春秋．勿躬》：

史皇作圖，巫彭作醫，巫咸作筮，此二十官者，聖人之所以治天下也。聖王不能二十官之事，然而使二十官盡其巧、畢其能，聖王在上故也。聖王之所不能也，所以能之也；所不知也，所以知之也。

又如《呂氏春秋．用眾》：

天下無粹白之狐，而有粹白之裘，取之眾白也。夫取於眾，此三皇、五帝之所以大立功名也。

可見人君善於用眾，其效益可以大立功名。《呂氏春秋》認為「治身治國一理之術」，於「治國」而言，「用眾」可以使群臣畢盡其力，國家興盛；於「治身」而言，不僅可以大立功名，而且可以養生保健，符合《呂氏春秋》的「養生」論說。

（二）刑名

《呂氏春秋》倡言人君「因而不為」，於是用眾。既然用眾，則群臣在朝，而人君應如何駕馭群臣呢？《呂氏春秋》提出了具體的方法，即「審名責實」之道，《呂氏春秋・審分》：

> 王良之所以使馬者，約審之以控其轡，而四馬莫敢不盡力。有道之主，其所以使群臣者亦有轡。其轡何如？正名審分，是治之轡已。故按其實而審其名，以求其情；聽其言而察其類，無使放悖。

可見人君駕馭群臣，必須「正名審分」，意指任用官員，必須辨正名稱，明察職分。然後「按實審名」，以得其實情，即按照官員的實質職位，審核於該職位而言，其政績表現是否合乎理想。最後「聽言察類」，使其不亂，即對於無具體職位者尤好進言，人君當依據他的話，考察其行為，以考查他的言行是否一致。〈知度〉又云：「故有道之主，因而不為，責而不詔，去想去意，靜虛以待，不代之言，不奪之事，督名審實，官使自司」。可見「督名責實」，乃「因而不為」思想綱領下的具體政策。

《呂氏春秋》所謂「督名責實」，其實即為「刑名」之學，屢見於《韓非子》，當中尤以《韓非子・二柄》之言最為詳細：

人主將欲禁姦，則審合刑名；〔刑名〕者，言（異）〔與〕事也。為人臣者陳而言，君以其言授之事，專以其事責其功。功當其事，事當其言則賞；功不當其事，事不當其言則罰。故群臣其言大而功小者則罰，非罰小功也，罰功不當名也。群臣其言小而功大者亦罰，非不說於大功也，以為不當名（也）〔之〕害甚於有大功，故罰。

此文清楚闡明「刑名」之論。所謂「刑名」（作「形名」亦可），「名」者，乃指臣下自稱能完成某事的言辭，而「刑」者（或作「形」），則指事實上所能達到的具體成績。倘若成績恰與臣下事先所言相符，此謂「同合刑名」[20]，最為難得。韓非在這個理論基礎之上，再申論其說，認為臣下表現超過又或是不及他事先所說的，皆當受罰。韓非認為這與臣子表現成績好壞無關，而全在乎臣子之「言」與「事」，即「刑」與「名」不相符，便當受罰。這是韓非獨得之見，其他法家學者則鮮有論及。《呂氏春秋》對於韓非「刑名」之論，顯然有所承襲，故此倡言「有道之主」，亦當「因而不為」，而「督名審實」。

20《韓非子・主道》：「同合刑名，審驗法式，擅為者誅，國乃無賊。」可與〈二柄〉此文互證。

（三）用民

《呂氏春秋》認為人君治國，當「因而不為」。所謂「因」者，最早見《慎子》。《慎子・因循》云：「天道因則大，化則細。因也者，因人之情也。」此文以「因」、「化」對舉，再考《呂氏春秋・君守》：「作者擾，因者平。」則以「作」、「因」對舉。而〈任數〉則謂：「因者，君術也；為者，臣道也。為則擾矣，因則靜矣。」以「因」、「為」對舉。由此可見，「化」、「作」、「為」三字意義相近，而《呂氏春秋》所論的「因而不為」，本出《慎子》。《慎子・因循》認為人本自私，人君若要使民不為己而「為我」，難以成功。《慎子》又曰：

是故先王（見）不受祿者不臣，祿不厚者不與入（難）。人不得其所以自為也，則上不取用焉。故用人之自為，不用人之為我，則莫不可得而用矣。

此文指出人臣必先能從人君身上獲得利益，人君才加以任用；人臣所得的利益越多，其為用越大。相反，人臣無法從人君身上獲得利益，人君絕不能加以任用。綜合而言，《慎子》相信人臣絕不犧牲一己利益而為人君謀事，人君如希望任用群臣，先讓人臣從君主身上得益，此之謂「因」。所因者，其實就是世人的自私心理。

《呂氏春秋》對《慎子》此說，亦有繼承，《呂氏春秋・用民》云：

民之用也有故，得其故，民無所不用。用民有紀有綱，壹引其紀，萬目皆起，壹引其綱，萬目皆張。為民紀綱者何也？欲也惡也。何欲何惡？欲榮利，惡辱害。辱害所以為罰充也，榮利所以為賞實也。賞罰皆有充實，則民無不用矣。

又《呂氏春秋．為欲》云：

使民無欲，上雖賢猶不能用……人之欲多者，其可得用亦多；人之欲少者，其（可）得用亦少；無欲者，不可得用也……善為上者，能令人得欲無窮，故人之可得用亦無窮也。

以上兩篇立論皆與《慎子．因循》相合。然而，《慎子》明言「因人之情」，《呂紀》以上兩篇未有提及「因」的理念，其因襲《慎子》之跡未算顯明。最顯明的，則見《呂氏春秋．順說》：

管子得於魯，魯束縛而檻之，使役人載而送之齊，其謳歌而引[21]。管子恐魯之止而殺

21 唐朝馬總《意林》（《四部叢刊初編縮本》，臺北：臺灣商務印書館，一九六七年），卷二，總頁三四，引《呂氏春秋》此文作「皆謳歌而引車」。

己也，欲速至齊，因謂役人曰：「我為汝唱，汝為我和。」其所唱適宜走，役人不倦，而取道甚速，管子可謂能因矣。役人得其所欲，己亦得其所欲。以此術也，是用萬乘之國，其霸猶少，桓公則難與往也。

〈順說〉謂「管子可謂能因」，與《慎子》言「因人之情」，取義全同。可見《呂紀》「用民」之道，其本亦出自《慎子》。《呂氏春秋》認為人君善於利用人民「為己」的心態，使之有欲，那麼萬民皆可為用。民之為己，都希望得欲去害，而民所欲的是「榮利」，所惡的是「辱害」。所謂「榮利」，其實就是「賞實」；所謂「辱害」，其實就是「刑罰」。人君善於運用賞罰，則民無不用了。

總而言之，人君治國雖然「因而不為」，仍然要善於「用眾」，使群臣畢盡其力；善用「刑名」之學，而用臣有道，可避免悖亂；善用「用民」，使民有欲，運用賞罰使群臣為我。人君善用以上三項具體治國策略，不僅可以使國家大治而廣立功名，亦可以養性保健，精神安形，延年益壽，這就是所謂的「治身治國一理之術」。

如欲了解更多有關《呂氏春秋》「因而不為」的治國策略的篇章，可閱讀《慎大覽·貴因》、《審分覽·審分》、《孟夏紀·用眾》、《審分覽·君守》及《審分覽·知道》。

九、治國之道的基本理念

《呂氏春秋．審分》提出「治身與治國，一理之術也。」所謂「一理之術」，即是「治國」之道，猶如「治身」之道。討論《呂氏春秋》的治國之道，就得探求《呂氏春秋》「治身治國一理之術」的具體內涵，以下會逐一討論：

（一）取法天地，節欲早嗇

《呂氏春秋》認為「治身治國一理之術」，那麼治身、治國有何相通之處？《呂氏春秋．情欲》云：「古之治身與天下者，必法天地也。」意思是治身、治國的共通點在於「法天地」，所謂「法天地」，其意在於「早嗇」。有關「早嗇」，《呂氏春秋．情欲》云：

古人得道者[22]，生以壽長，聲色滋味，能久樂之，奚故？論早定也。論早定則知早

22 孫蜀丞云：「人」疑「之」字。草書「之」、「人」兩字形近。

嗇，知早嗇則精不竭。秋早寒則冬必暖矣，春多雨則夏必旱矣，天地不能兩，而況於人類乎？人之與天地也同，萬物之形雖異，其情一體也。

所謂「早嗇」，就是指「節欲」。《呂氏春秋．重己》云：「凡生〔之〕長也，順之也；使生不順者，欲也；故聖人必先適欲。」可見「欲念」對「治身」無益，對「治國」也無益。因此《呂氏春秋．為欲》云：

欲不正，以治身則夭，以治國則亡。故古之聖王，審順其天而以行欲，則民無不令矣，功無不立矣。

「治身」和「治國」皆當節欲。於「治身」而言，節欲可以順生；於「治國」而言，節欲可以令民立功。〈重己〉認為「節欲」可以「順」生，而「順」乃天德，取法乎天，自當無誤。《呂氏春秋．序意》：「上揆之天，下驗之地，中審之人，若此則是非可不可無所遁矣。天曰順，順維生。」據此可知，「節欲」可以順生，而順生即法天。因此《呂氏春秋．情欲》云：「故古之治身與天下者，必法天地也。」

（二）無為而行

「治國」與「治身」另一相同之處，就是「無為」，「無為」也是取法天地的結果。《呂氏春秋・序意》認為綜合「上揆之天，下驗之地，中審之人」三者，可得「無為而行」，而「無為而行」就是治國、治身的共通之處。所謂「無為而治」，先秦諸子理解不一，當中道家的《老子》第二十九章云：

> 將欲取天下而為之，吾見其不得已。天下，神器（也）[23]，不可為也。為者敗之，執者失之。

《老子》認為「天下不可為」，又謂「為者敗之」。《老子》第六十章又認為「治大國」恰似烹小魚，意謂烹小魚務必小心，否則小魚動輒靡爛。治大國亦然，君主不宜動輒干預。否則，大國亦將陷於混亂。所以，治國理當「無為」。

《呂氏春秋》雖然繼承先秦道家思想，然而關於治國的主張，卻非直接採納《老子》的學說，而是通過戰國中期思想家之詮釋以繼承《老子》。因此，《呂氏春秋》對「無為」的理解，

---

23 《馬王堆漢墓帛書甲本老子》（頁二七）句末有「也」字，今據補。

顯然有別於《老子》。《呂氏春秋．知度》云：「故有道之主，因而不為。」這裏所說的「不為」，即指「無為」。有道之君，治國用「因」，而求「無為」。「因而不為」，正是《呂氏春秋》吸納戰國中期思想學說，而對《老子》「無為」理念提出的嶄新詮釋，當中反映了《呂氏春秋》有關治國之道的重要理念。

（三）貴因思想

《呂氏春秋》的治國之道，在乎貴「因」。它繼承了先秦諸子如慎到、孟子、韓非的論「因」學說，文中多次稱述「因」之可貴。《呂氏春秋．貴因》：「三代所寶莫如因，因則無敵。」又云：

> 禹之裸國，裸入衣出，因也。墨子見荊王，（錦衣）〔衣錦〕吹笙，因也。孔子道彌子瑕見釐夫人，因也。湯、武遭亂世，臨苦民，揚其義，成其功，因也。故因則功[24]，專則拙。因者無敵。

24 王念孫云：功讀為工。

《呂氏春秋》認為「因」者無敵，並進而討論「貴因」思想的應用。《呂氏春秋》全書論及「因」者甚多，綜而理之，可見其「貴因」思想的應用，層面甚廣。例如《呂氏春秋．貴因》提出「因」可應用於觀察天文現象，再推而廣之，更可以利用時勢而舉事，即《呂氏春秋．不廣》所說的「智者之舉事必因時。」「因時」是指借助時勢而使舉事成功。「因時」，或稱「因勢」，《呂氏春秋．慎勢》：

水用舟，陸用車，塗用輴，沙用〔鳩〕〔肆〕[25]，山用樏，因其勢也。

「因時」、「因勢」，可指日常生活利用「時勢」。再推而論之，則可以用於軍事上。《呂氏春秋．決勝》：

凡兵〔也者〕，貴其因也。因也者，因敵之險以為己固，因敵之謀以為己事。能審因而加，勝則不可窮矣。[26]勝不可窮之謂神，神則能不可勝也。

---

25 肆指行走沙漠所用之工具，此段又見《淮南子．修務》、《文子．自然》。

26 俞樾云：此本作「能審因而加，則勝不可窮矣。」按俞說當作「則勝不可窮矣」，則是；但「能審因而加」不辭，疑本作「審因而加能，則勝不可窮矣。」下句「神則能不可勝也」，「能」正承上句「能」字而言。

「因敵之險」、「因敵之謀」，皆有助於爭勝。再推而廣之，則可以用於治國，《呂氏春秋．君守》：「故曰作者（憂）〔擾〕，因者平。惟彼君道，得命之情。」可見為君治國之道，亦在「貴因」，為君而「因」者則「平」。「平」，意指平靜安泰。追求平靜安泰，反對干預時政，此正是上文所引《呂氏春秋．知度》所說的「有道之主，因而不為。」《呂氏春秋．知度》謂君主「因而不為」，所論簡略，〈任數〉則有較詳盡的論述：

古之王者，其所為少，其所因多。因者，君術也；為者，臣道也。為則擾矣，因則靜矣。因冬為寒，因夏為暑，君奚事哉？

由此可見，《呂氏春秋》認為君主治國應當「因而不為」，其「貴因」思想，異常明晰。司馬談〈論六家要旨〉說：

道家無為，又曰無不為，其實易行，其辭難知。其術以虛無為本，以因循為用……有法無法，因時為業；有度無度，因物與合。故曰「聖人不朽，時變是守。虛者道之常也，因者君之綱」也。

可見道家重「無為」而貴「因」，恰正是《呂氏春秋》「因而不為」理論的依據。先秦哲學，以儒、道為綱，法家源出道家[27]，故此慎到、韓非皆有「貴因」之論，《呂氏春秋》兼收並蓄，成就其治國用人之術。

十、「賞罰論」與法家學說的淵源關係

《韓非子》認為法家思想的重要概念有三，此即為：商鞅所論之「法」；申不害所論之「術」；慎到所論之「勢」。至於《呂氏春秋》對於上述三種法家思想概念可有善加因襲？以下會詳加論述。

27 司馬遷《史記·老子韓非列傳》：「申子之學本於黃老而主刑名……韓非者，韓之諸公子也。喜刑名法術之學，而其歸本於黃老。」可見法家思想，其源本出道家。

（二）《呂氏春秋》論「法」與《韓非子》論「法」之異同

法家思想的重要概念為「法」、「術」、「勢」，現在先論其「法」。《韓非子．定法》：「法者，憲令著於官府，刑罰必於民心，賞存乎慎法，而罰加乎姦令者也，此臣之所師也。」由此可見，法家認為「法」與「賞罰」關係至為密切。

雖然《呂氏春秋》全書論「法」的地方不多，然而〈貴信〉篇亦嘗論「賞罰」的重要性，其中說：「賞罰不信，則民易犯法，不可使令。」又〈分職〉篇亦論「賞罰」與「法」的關係：

> 君者固無任，而以職受任。工拙、下也，賞罰、法也；君奚事哉？若是則受賞者無德，而抵誅者無怨矣，人自反而已，此治之至也。

又〈處方〉篇論「法」當一視同仁：

> 法也者，眾之所同也，賢不肖之所以其力也。

細考以上三節《呂紀》引文，可見《呂紀》常常並舉「法」與「賞罰」，亦認為「法」與「賞罰」的關係密切，而執「法」必須一視同仁。由此可見，《呂紀》認為「賞罰」至為重要，「賞罰」

是人君治國的重要工具，是「賞罰之柄」（《呂氏春秋．義賞》）。所謂「賞罰之柄」，其說直取《韓非子．二柄》所提出的人君治國的兩種重要工具，即為「賞」與「罰」。

然而，《呂氏春秋》並非全盤因襲《韓非子》的學說而不加修訂，其〈用民〉篇云：「凡用民，太上以義，其次以賞罰。」這裏就用民方法整體層次而言，論斷「義」較「賞罰」重要。至於〈知分〉則就君主使民立論，指出「使賢」與「使不肖」有別：

> 凡使賢、不肖異；使不肖以賞罰，使賢以義。故賢主之使其下也必（以）義，（必）審賞罰，然後賢、不肖盡為用矣。

這裏認為「使賢以義」，「使不肖以賞罰」，可見「賞罰二柄」僅適用於「不肖」之民；至於「賢德」之民，則當用「義」。由此推論，「賢德」之民，對社會而言，其用為大；「不肖」之民，其用有限。因此，「義」較「賞罰」重要。

《呂紀》此論，是以儒家治國論說來修訂法家思想的，其說乃根據《論語》及《荀子》。如《論語．公冶長》言：

> 有君子之道四焉：其行己也恭，其事上也敬，其養民也惠，其使民也義。

又《荀子・致士》云：

臨事接民而以義……政之始也。

儒家認為君主「使民」、「接民」，都應當以「義」為先。《呂氏春秋》採納了二者之說，故謂「凡用民，太上以義，其次以賞罰。」又謂「使賢以義」、「使不肖以賞罰」，重新修訂法家的學說。

（二）《呂氏春秋》論「術」與《韓非子》論「術」之異同

法家論「術」，以申不害為代表。《韓非子・定法》云：「今申不害言術，而公孫鞅為法。術者，因任而授官，循名而責實，操殺生之柄，課群臣之能者也，此人主之所執也。」所謂「循名而責實」，即「刑名」之論。然而使用「術」，又不僅限於「刑名」，舉凡人君「課群臣之能」，都應該用「術」。《韓非子・內儲說上・七術》所論諸「術」，或即申不害所倡言的權術。此等權術，人君可用以督責臣下，使臣下恐懼不知所措。《韓非子・內儲說上・七術》又記述一則君主以權術督責臣下的故事：

商太宰使少庶子之市，顧反而問之曰：「何見於市？」對曰：「無見也。」太宰曰：「雖然，何見也？」對曰：「市南門之外甚眾牛車，僅可以行耳。」太宰因誡使者：「無敢告人吾所問於女。」因召市吏而誚之曰：「市門之外何多牛屎？」市吏甚怪太宰知之疾也，乃悚懼其所也。

這個君主運用「權術」對付臣下的故事，是用術的顯例。《呂氏春秋．任數》亦有相近的故事：

韓昭釐侯視所以祠廟之牲，其豕小，昭釐侯令官更之。官以是豕來也，昭釐侯曰：「是非嚮者之豕邪？」官無以對。命吏罪之。從者曰：「君王何以知之？」君曰：「吾以其耳也。」

〈任數〉亦言君主運用「權術」對付臣下，可見《呂紀》有取諸法家「用術」論說。然而，〈任數〉記述上述故事後，即記申不害論評云：

申不害聞之，曰：「何以知其聾？以其耳之聰也。何以知其盲？以其目之明也。何以知其狂？以其言之當也。」

可見申不害認為人君耳目心智多有局限，不足依恃。因此，申不害並不同意君主徒用「權術」對付臣下。《呂氏春秋》細錄申不害所言，尤其可見《呂紀》對法家所論之「術」，並非全然接納，亦有所保留。

(三)《呂氏春秋》論「勢」與《韓非子》論「勢」之異同

法家論「勢」，以慎到為代表。《韓非子．難勢》引慎子云：「慎子曰……賢人而詘於不肖者，則權輕位卑也；不肖而能服於賢者，則權重位尊也。」可見《韓非子》以「權位」解釋「勢」的意思，〈難勢〉又云：「堯為匹夫，不能治三人；而桀為天子，能亂天下：吾以此知勢位之足恃，而賢智之不足慕也。」清楚說明了「勢位」於人君治國而言，實為不可或缺的。至於《呂氏春秋》在〈慎勢〉篇云：「權鈞則不能相使，勢等則不能相并。」又云：

〔因其勢〕者〔其〕令行，位尊者其教受，威立者其姦止，此畜人之道也。故以萬乘令乎千乘易，以千乘令乎一家易，以一家令乎一人易。嘗識及此，雖堯、舜不能。

這指出了「勢」對於治國，也是不可或缺的。「勢」之為用，亦較賢智重要。即使是堯、舜，亦不能缺乏勢位。相互比較，可見《呂氏春秋》亦有採襲《韓非子》論「勢」的相關學說。

總而言之，《呂氏春秋》討論人君治國之道，亦有採納法家「法」、「術」、「勢」的治國思想並加以修訂而完善之。

如欲了解更多有關《呂氏春秋》法家治國思想的篇章，可閱讀《離俗覽・貴信》、《孝行覽・義賞》及《審分覽・任數》。

結語

筆者應香港中華書局之邀，整理多年來在香港中文大學中國語言及文學系講授《呂氏春秋》的課堂筆記，草成此書，俾年青學者可以循此探究呂書哲理，深悟貴生無為之道，了解首時必己之義。

本書所據版本為臺北藝文印書館影明刻本《呂氏春秋》（一九七四年），遇有明顯誤字，則據畢沅校本修訂（《二十二子》本：臺北先知出版社影光緒元年浙江書局校刊畢氏靈巖山館本。）

至於清代乾嘉以來於《呂氏春秋》一書之校勘成果，亦斟酌取用，校訂訛誤，補正脫漏。

筆者於《呂氏春秋》之研究，始於大學本科時修讀呂書一科，其時由業師劉殿爵教授講授，劉師治學深微精確，於呂書用力極勤，多有創獲，筆者受益匪淺。考《呂氏春秋・序意》清楚表明〈十二紀〉成於維秦八年，歲在涒灘，時為公元前二三九年；古籍成書年代清楚若此者，僅有西漢《淮南子》可以相比，《淮南》書成於漢武帝年間，約為公元前一四〇年；《呂氏春秋》、《淮南子》同為雜家之學，兩者相距剛好一百年，從中可以得見秦、漢兩代哲學思想之梗概及其演變，彌足珍貴。可惜學術界於呂書之研究，著述未多，相對於經學典籍，乃至儒、道、墨、法各家文獻，均有不如。筆者不揣淺陋，整理課堂筆記，於呂書核心思想，提綱挈領，選錄相關篇章，略作注譯，附以導讀，望能作為年青學子入門研習之用。本書編纂，得香港中文大學聯合書院「學生校園培訓及服務獎勵計劃」資助，聘用中文系學生鄭曉君小姐協助排版及圖片蒐集工作，謹此致謝。

後記：我和《呂氏春秋》的一點緣分

要談談我和《呂氏春秋》的淵源，故事該從一九八六年說起。當年香港中文大學中國語言及文學系講座教授劉殿爵教授於本科課程講授《呂氏春秋》，我只是中文系四年級學生。劉教授是國際知名的權威學者，英譯《論語》、《孟子》、《老子》三書，被譽為三種典籍之英譯典範，迄今銷售超過一百萬冊，讀者遍佈全球。由於對劉教授博大精深的學問懷着由衷的敬意，即使我對《呂》書一竅不通，我還是固執地選修了。

甫進課室，才發現修讀者僅有六人，兩名四年級生，四名三年級生，但旁聽的老師和研究生卻超過二十人，這種場景在系裏並不多見。我心想，這門課恐怕不易理解，同學們都望而生畏，只有旁聽的老師才會明白吧。

劉教授教學用心，兼且精通諸子百家，課堂上旁徵博引，引領學生遊走於春秋秦漢學術文化的殿堂，一窺堂奧。我細心抄下筆記，下課後再到大學圖書館將劉教授提及的書證逐條蒐集，找出原書出處，整理排比，才勉強明白課堂所言。

一九八六年順利本科畢業，一九八八年完成了碩士課程，直至一九八九年從報章廣告得知劉教授已從中文系榮休，全面投入中國文化研究所工作，並有意建立中國古代文獻電子資料庫，正需聘人負責計劃協調。此時，我想到呂書提及的時機論，覺得可以朝夕追隨劉師問學，談書論道，實在機不可失，於是放棄了中學教席，回到研究所工作。一九九〇年因着工作之便，又報讀了中大博士課程，並以《呂氏春秋》東漢高誘《注》為題，撰寫博士論文。一九九五年完成論文，並於翌年轉任中文系助理教授，開展漫長的古籍教學工作。二〇〇二年，香港經濟不景，因投資失利而輕生者眾，社會上彌漫着傷感的愁緒，不知為何竟也影響了年輕一代。學生自尋短見時有聽聞，一天在電視上看到政府拍攝的宣傳短片，「打波才來下雨」，呼籲孩子樂觀面對逆境，「希望在明天」。我想到劉教授自一九八九年榮休後，系內再無開設《呂氏春秋》，又想到該書主旨即在貴生養生，其實最合現世人心，這正好讓學生理解自身生命的崇高價值，絕非外物所能比擬。《呂氏春秋．重己》說：「今吾生之為我有，而利我亦大矣。論其貴賤，爵為天子，不足以比焉；論其輕重，富有天下，不可以易之；論其安危，一曙失之，終身不復得。此三者，有道者之所慎也。」可謂發人深省。於是，我在二〇〇二年首次在大學講授《呂氏春秋》，意外的是，修讀學生人數超過一百五十人，大家都細聽貴生之義，熟讀書中所引子華子那句名言：「全生為上，虧生次之」；細味那原來應屬於千古奇商呂不韋寫給私生子秦王政的由衷教誨，深曉生命的價值，貴生自愛。此後，我每隔兩年便講授一次《呂氏春秋》，以迄於今，享受着將劉教授生前所言傳授給學生的快慰，也陶醉於書中的嘉言善行。今應中華書局之邀，草撰此書，望能推廣其深邃精妙的哲理，也讓大學以外一眾市民及早感悟貴生之義，節欲早嗇，長生久視，享受生命為我們帶來的樂趣。

孟春紀

本生

本篇導讀——

「本生」，即以「生」為本。本篇強調養生之道，乃在順應天性。「生」與「性」兩字古多通用，養生之道，乃在保存天性，其方法即為以物養生，而不能以生養物。作者強調「生」與「物」的關係，倡言重生輕物。

始生之者[1]，天也；養成之者，人也。能養天之所生而勿攖之之謂天子[2]。天子之動也，以全天為故者也[3]。此官之所自立也。立官者以全生也[4]。今世之惑主，多官而反以害生，則失所為立之矣。譬之若修兵者，以備寇也，今修兵而反以自攻，則亦失所為修之矣。

注釋

1 始生之者：《呂氏春秋．大樂》云：「始生人者，天也，人無事焉。」

2 攖（粵：應；普：yīng）：戾也，違戾、違背之意。原文作「能養天之所生而勿攖之謂天子」，《太平御覽》卷七十七引此文作「能養天之所生而勿纓之謂之天子。」此文宜本作「能養天之所生而勿攖之之謂天子。」《御覽》引文「之謂」誤作「謂之」，今據改。

3 全：依順。天：天性。故：事。

4 生：意思同「性」。

譯文

最初創造生命的是天，而養育生命並令它成長的則是人；能夠護養上天創造的生命而不加違戾的人可稱為天子。天子的一舉一動都是以順應自然、保全生命為前提的，所以天子設立不同的職官。設置職官，（由他們協助自己執政），正是天子保全生命的方法。如今世上昏庸糊塗的君主，大量設立官職，反而傷害了自己的生命，這樣便失去了設立職官的本意了。譬如訓練軍隊是為了防備盜賊的，可是如今練兵卻反而用來自相攻殺，這也就失去了本來訓練軍隊的意義了。

夫水之性清，土者汩之[1]，故不得清。人之性壽，物者扣之[2]，故不得壽。物也者[3]，所以養性也，非所以性養也。今世之人[4]，惑者多以性養物，則不知輕重也[5]。不知輕重，則重者為輕，輕者為重矣。若此，則每動無不敗。以此為君悖，以此為臣亂，以此為子狂。三者國有一焉，無幸必亡。

注釋

1 汩（粵：骨；普：gǔ）：擾亂。

2 扣（粵：鶻；普：hú）：擾亂的意思，這裏指使本來長壽的生命變為夭折。

3 物：貨財。

4 人：王叔岷《呂氏春秋校補》云：「人」字疑衍，上文「今世之惑主」，與此句句法相同。

5 輕：比喻物。重：比喻身。

譯文

水本來是清澈的，為泥土所濁亂，就變得混濁不清。人本來可以長壽的，但為物欲所擾亂，便無法得到長壽。外物本來是用來供養生命的，不應該耗損生命去追求它。然而今世糊塗的人寧願勞役自己的生命去追求外物，這樣做便是不知輕重了。不知輕重，就會把重的當成輕，把輕的當成重。像這樣，無論做甚麼事都不可能成功。抱着這種態度去當君主，便會惑亂糊塗；做人臣，便會敗亂綱紀；作人子，便會狂放無禮。這三種情況，只要有其中一種存在，國家就無可倖免，必至滅亡。

今有聲於此[1]，耳聽之必慊[2]，已聽之則使人聾，必弗聽。有色於此，目視之必慊，已視之則使人盲，必弗視。有味於此，口食之必慊，已食之則使人瘖[3]，必

弗食[4]。是故聖人之於聲色滋味也，利於性則取之，害於性則舍之，此全性之道也。世之貴富者，其於聲色滋味也多惑者，日夜求，幸而得之則遁焉[5]。遁焉，性惡得不傷[6]？

注釋

1 「有……於此」：古漢語用於設喻的習慣句式，表示假設的意思。

2 慊（粵：怯；普：qiè）：快意。

3 瘖（粵：音；普：yīn）：暗啞。

4 「有色於此」八句：引用了《老子》第十二章：「五色令人目盲，五音令人耳聾，五味令人口爽。馳騁田獵，令人心發狂；難得之貨，令人行妨。」

5 遁：流連忘返，表示不能自制。

6 惡：安。傷：病。

譯文

假如有這樣一種聲音：耳朵聽了甚覺愜意，然而聽後使人耳聾，人們一定不會去聽。假如有這樣一種顏色：眼睛看了甚覺愉快，然而看後使人眼盲，人們一定不會去看。假如有這樣一種味道：人們吃到甚感滿足，然而吃後使人口啞，人們一定不會去吃。因此，聖人對於聲音、顏色、滋味的態度是：有利於生命的便取用，傷害生命的便捨棄，這才是保全生命的方法。世上許多富貴的人，大都迷惑於聲色滋味。他們日夜營求這些東西，一旦幸而取得，即縱情其中而不能自制。這樣，人的天性怎能夠不受傷害呢？

萬人操弓共射一招[1]，招無不中。萬物章章[2]，以害一生，生無不傷；以便一生[3]，生無不長。故聖人之制萬物也，以全其天也[4]。天全則神和矣，目明矣，耳聰矣，鼻臭矣[5]，口敏矣[6]，三百六十節皆通利矣。若此人者：不言而信，不謀而當，不慮而得[7]；精通乎天地，神覆乎宇宙[8]；其於物無不受也[9]，無不裹也[10]，若天地然；上為天子而不驕，下為匹夫而不惛[11]；此之謂全德之人。

注釋

1 萬人操弓共射一招：原作「萬人操弓共射其一招」，「其」字乃衍文，當刪。招：埻的，就像現在所說的箭靶上的紅心。萬人共射同一箭靶，即使沒有高超射藝，也定必命中。

2 章章：明美貌。

3 便：利也。利其生性，命可長久。

4 夭：猶言身也。

5 臭：嗅覺靈敏。

6 口敏：言辭敏達。

7 「不言而信」三句：《淮南子·原道》有相同的句子，之後有「不為而成」一句。

8 宇宙：四方上下曰宇，古往今來曰宙，意指最大的空間與時間。

9 受：猶承也。

10 裹：猶囊也。

11 惛（粵：悶；普：mèn）：意思與「悶」相同。

譯文

萬人手持弓箭，同時射向同一個箭靶，箭靶沒有不被射中的。萬物明美，如果都用來傷害一個生命，這個生命沒有不被傷害的；如果萬物都用來助益生命，這個生命沒有不長壽的。所以，聖人制約萬物，是為了保全自己的生命，生命完全沒有損傷，人的精神便會平和，眼睛明亮，耳朵聰敏，鼻子敏銳，口齒伶俐，全身的筋骨就能舒展順暢。像這樣的人，不用說話就有信義，不用謀劃就會舉止得當，不用思考就有所得；他們的精神流行於天地之間，覆蓋了整個宇宙。對於外物，他們無不接納，也無不包容，就像天地一樣；他們上為天子而不驕傲，下為布衣而不憂悶。這樣的人，可以稱得上是德行完美的人。

貴富而不知道，適足以為患，不如貧賤。貧賤之致物也難[1]，雖欲過之奚由？出則以車，入則以輦[2]，務以自佚，命之曰佁蹷之機[3]。肥肉厚酒，務以自彊，命之曰爛腸之食。靡曼皓齒[4]，鄭、衛之音[5]，務以自樂，命之曰伐性之斧[6]。三患者，貴富之所致也。故古之人有不肯貴富者矣，由重生故也，非夸以名也[7]，為其實也。則此論之不可不察也。

注釋

1 致物：取得物件。

2 輦（粵：lin⁵；普：niǎn）：兩人用手挽的車子。

3 佁（粵：以；普：yǐ）𨈆之機：原作「招𨈆之機」，據王念孫說改為「佁𨈆之機」。王念孫《呂氏春秋校本》據《文選》李注改「招」為「佁」，並謂：「『佁』之言待也、止也，故不前謂之佁。『佁𨈆』謂痿𨈆不能行之病。」意思是：出入以車代步，令人欠缺運動，車子便成為了令人痿𨈆不能行的機器。

4 靡曼：細理弱肌。皓齒：潔白的牙齒，表示美色。

5 鄭、衞之音：鄭、衞風俗輕靡淫逸，借指浮華淫靡之地。鄭、衞之音，即為淫靡之音。

6 伐性之斧：砍伐生命的斧頭。

7 夸（粵：誇；普：kuā）：虛也，意指重生者。陳昌齊認為據高誘《注》，此文當作「非以夸名也」。

譯文

富貴而不懂得養生之道，富貴正好成為禍患，與其這樣，還不如貧賤好。貧賤的人要獲取財物相對困難，即使他們嚮往驕逸奢縱的生活，又怎可能達成呢？出門坐車，回府乘輦，務求安逸舒適，這種車輦便成了令人痿𨈆不能行的機器。對着肥肉醇酒，飲食放縱，這些酒肉便成了令腸胃腐爛的食物。貪戀美色，沉迷於淫靡之音，極盡享樂，這些美色音樂便成了砍伐生命的利斧。這三種禍患都是因富貴而造成的。所以古人有不肯富貴的，是為了重視生命的緣故；不是為了輕富貴而求取美名，而是出於保全生命的實際考慮。既然這樣，上述的道理便不可不細察了。

賞析與點評

這段闡述貴生之道，提出人們一朝富貴，則易於放縱欲念，對生命並無好處，作者說：「貴富而不知道，適足以為患，不如貧賤。貧賤之致物也難，雖欲過之奚由？」過去曾有新聞報道了美國人惠泰克（Jack Whittaker）在二〇〇二年十二月中了勁球獎（Powerball）將近三億一千五百萬元的獎金，可是富貴的美夢卻變成了噩夢：其後他的妻子離他而去，他最心愛的外孫女染上毒癮喪生。他走到哪裏都有人向他要錢。事隔大約五年，惠泰克面對眾多金錢解決不了的煩惱，他不再相信任何人。他說：「我一個朋友都沒有。我以前的每一個朋友都想向我借錢或要東西。」這恰是《呂氏春秋》提出的「富貴為患」的明證。

重己

本篇導讀——

本篇旨在勸説君主珍重自己的生命，而珍重生命的辦法正是順生而行，適欲節性。衣食住行、遊觀娛樂，都得適度而止，如此才能長生久視。作者批判了對生命慎之而反而害之的人，實質與「弗知慎」者相同，此實源於不達性命之情。作者認為一己之生命，論其尊貴，即使貴為天子，又或富有天下，均不可以相提並論，由此論證生命最為可貴。

倕[1]，至巧也。人不愛倕之指，而愛己之指，有之利故也。人不愛崑山之玉、江漢之珠[2]，而愛己之一蒼璧小璣[3]，有之利故也。今吾生之為我有，而利我亦大矣。論其貴賤，爵為天子，不足以比焉；論其輕重，富有天下，不可以易之；論其安危，一曙失之[4]，終身不復得。此三者，有道者之所慎也[5]。

注釋

1 倕（粵：誰；普：chuí）：堯時的巧工。
2 崑山之玉：古代美玉，相傳燔以爐炭，三日三夜，色澤不變。江漢之珠：江漢有夜光之明珠，是精美之珠。
3 蒼璧：石多玉少也。小璣：珠之不圓者曰「璣」。「蒼璧」和「小璣」皆喻不好。
4 一曙：一旦。
5 慎：戒慎為之之意。

譯文

倕，是天下間最巧手的工匠。可是人們不愛惜倕的手指，卻愛惜自己的手指，這是因為它屬於自己而且對自己有好處的緣故。人們不愛惜崑山的寶玉、江漢的明珠，卻愛惜自己那塊含石質又不好的珠玉，那是因為它們雖然不理想，卻是屬於自己的，而且對自己有用的緣故。如今我的生命為我所有，它為我帶來的好處就更大了。就它的貴賤而論，雖貴為天子之尊，但也比不上我的生命貴重；就它的輕重而論，雖然富有天下之財，但也不值得以我的生命去交換；就它的安危而論，一旦失去生命，便終身無法再得到。正因為貴賤、輕重、安危這三方面的考慮，有道之士對於生命是戒慎為之的。

賞析與點評

這段詳論生命價值至高無上，遠較其他價值重要，唯有生命才具備本體價值，其餘一切事物諸如財富、名譽等，均只有派生價值。今天，香港的自殺比率仍然高企（依據「香港大學香港賽馬會防止自殺研究中心」統計數字，見網址：http://csrp.hku.hk/web/big5/statistics.asp），香港人生活富裕，卻動輒輕生，其實《呂氏春秋》在二千多年前提出的重視生命的學說，十分適合今天香港人細閱參詳。

有慎之而反害之者，不達乎性命之情也。不達乎性命之情，慎之何益？是師者之愛子也[1]，不免乎枕之以糠[2]；是聾者之養嬰兒也，方雷而窺之于堂[3]；有殊弗知慎者[4]。夫弗知慎者，是死生存亡可不可，未始有別也。未始有別者，其所謂是未嘗是，其所謂非未嘗非，是其所謂非，非其所謂是，此之謂太惑。若此人者，天之所禍也。以此治身，必死必殃；以此治國，必殘必亡。夫死殃殘亡，非自至也，惑召之也[5]。壽長至常亦然。故有道者，不察所召，而察其召之者，則其至不可禁矣。此論不可不熟。

注釋

1 師：盲人樂官。這裏意指盲人。

2 枕之以糠：因盲人看不見穀糠形小污穢，便讓兒子枕臥在穀糠之上，結果穀糠傷害了嬰兒的眼睛。

3 窺：使動用法。之：指嬰兒；謂使嬰兒稍稍可見行雷之夜空。聾人因聽不到雷聲，以為閃電可觀，結果雷聲傷害了嬰兒的聽覺。

4 有（粵：又；普：yòu）：同「又」。殊：「甚於」之意。

5 召：致也，以惑致之。

譯文

有些人對待生命是戒慎為之的，卻反而傷害了生命，這是不通達生命的意義的結果。不通達生命的意義，雖然小心戒慎，又有何用？正如盲人愛自己的孩子，竟免不了讓他睡在穀糠裏，結果傷害了嬰兒的眼睛；聾人細心養育嬰兒，但因他自己聽不見雷聲，於是閃電時抱着嬰兒在堂上張望，結果傷害了嬰兒的聽覺。這對生命造成的損害，又更甚於不懂得對生命戒慎為之的人。不知愛惜生命的人，對於死生、存亡、可與不可從來未能分辨清楚，分不清死生、存亡、可與不可的人，他認為正確的從來都不正確，他認為錯誤的從來都沒有錯誤；本來是錯的，他卻當作是對的；本來是對的，他卻當作是錯的。這就叫做「大惑」。像這樣的人，是上天降禍的對象。持這種態度修身，必定死亡，必定遭禍；以這種方式治國，國家必定會殘破，必定會滅亡。死亡、禍殃、殘破、滅亡，不是自來的，而是不明事理所招致的。個人的壽命長短，也常常如此。所以通達事理的人，不會細究已出現的結果，而是詳察導致這結果的原因。如是者，當結果真的出現時，早已是通達事理的人心中所預期的必然結局。這個道理不可不熟知。

使烏獲疾引牛尾[1]，尾絕力勯[2]，而牛不可行，逆也。使五尺豎子引其棬[3]，而牛恣所之者[4]，順也。世之人主貴人[5]，無賢不肖，莫不欲長生久視[6]，而日逆其生，欲之何益[7]？凡生之長也[8]，順之也；使生不順者，欲也；故聖人必先適欲。

注釋

1 烏獲：秦武王的力士，能舉千鈞。

2 絕：斷裂的意思。勯（粵：丹；普：dān）：與「殫」同，表示用盡力氣。

3 棬：牛鼻環。

4 而牛恣（粵：至；普：zì）所之者：此文原作「而牛恣所以之。」今據《淮南子．主術》及《太平御覽》卷八九九引文改正。恣，從也。之，至也。

5 人主：謂王者、諸侯。貴人：謂公卿大夫也。

6 莫不欲長生久視：此文可見《老子》第五十九章曰：「有國之母，可以長久。是謂深根固柢、長生久視之道。」視，活也。

7 欲之何益：高誘注：「王者貴人所行，淫侈縱欲暴虐，反戾天常，不順生道，日所施行，無不倒逆其生，雖欲長生，若烏獲多力，倒引牛尾，尾絕不能行，故曰『欲之何益』也。」

8 之：原文脱「之」字，今據《太平御覽》卷七二零引文補。

譯文

假使力士烏獲用力拽拉牛尾，即使尾斷力盡，牛也不會隨之倒行，這是因為違背了牛的習性的緣故。讓一孩子牽着牛鼻棬，牛就隨他前行而走，這是順應牛的習性的緣故。世上的君主顯貴，無論賢與不賢，均想生命長久，然而這些君主終日違背天性，渴望長壽又有甚麼用呢？大凡生命的長久，都是順應自然之道的，使生命不能順應自然之道，正是人類的種種欲望。因此聖人必定先節制欲望。

室大則多陰，臺高則多陽，多陰則蹷[1]，多陽則痿[2]，此陰陽不適之患也。

是故先王不處大室，不為高臺，味不眾珍[3]，衣不燀熱[4]。燀熱則理塞，理塞則氣不達[5]；味眾珍則胃充，胃充則中大鞔[6]；中大鞔而氣不達[7]，以此長生可得乎？昔先聖王之為苑囿園池也[8]，足以觀望勞形而已矣；其為宮室臺榭也[9]，足以辟燥濕而已矣[10]；其為輿馬衣裘也，足以逸身煖骸而已矣；其為飲食酏醴也，足以適味充虛而已矣；其為聲色音樂也，足以安性自娛而已矣。此五者[11]，聖王之所以養性也，非好儉而惡費也，節乎性也[12]。

注釋

1 蹷（粵：決；普：jué）：逆寒之疾，腳病名。

2 痿（粵：委；普：wěi）：不能行走，腿腳肌肉萎縮。

3 衆珍：各種美味。

4 燀（粵：坦；普：dǎn）：厚。

5 達：通暢。

6 輓（粵：瞞；普：mán）：表示腹脹如鼓，衆珍充胃。胃太飽會令人感到腹脹，血氣流動並不暢順。高誘注：「輓讀曰懣。不勝食氣為懣病也。肥肉厚酒，爛腸之食，此之謂也。」

7 不達：壅閉也。

8 苑囿（粵：右；普：yòu）：古時蓄養禽獸的地方，大曰「苑」，小曰「囿」。《詩經》云：「王在靈囿」。園池：樹果曰「園」，有水曰「池」。苑囿園池都能讓帝王遊觀娛志，故下文曰：「足以勞形而已矣。」

9 宮：廟也。室：寢也。《爾雅》曰：「宮謂之室、室謂之宮。」臺榭（粵：謝；普：xiè）：在四方築土而高者，稱為「臺」，有屋稱為「榭」。

10 燥：陽炎。濕：雨露。

11 此：原文脱「此」字，今據《太平御覽》卷七二零引文補。

12 節：高誘注：「節，猶和也。和適其情性而已，不過制也。」

譯文

房屋太大了，陰氣就會有很多；樓臺太高了，陽氣就會很盛。陰氣多了就容易患上兩足不能行動的蹷病，陽氣過盛就容易患上筋肉萎縮行動不便的痿病，這是陰陽不能調適所帶來的禍患。因此古代的帝王不住大屋，不建高臺，膳食不過於追求豐盛珍異；衣着不過厚過暖，衣着過厚過暖會使脈理閉塞，脈理閉塞，陰陽之氣就不能通暢；飲食過於豐盛珍異，胃過於飽滿就會造成胸腹悶脹，胸腹悶脹就會使陰陽之氣不能通暢，這樣又怎能求得長生呢？從前古代聖王修築苑、囿、園、池時，只要能滿足遊目眺望和舒展身體就行了；建造宮、室、臺、榭時，只要足夠避開乾燥和潮濕的氣候環境就行了。他們製作車馬衣裘，只要足夠安適暖體就行了；他們預備膳食美酒，只要能調適性情而使自己舒心快意就行了。以上五種生活模式，都是聖王用來養生的準則。他們這樣做並非是喜好節儉，厭惡破費，而是為了使性情調適至合宜的程度。

仲春紀

貴生

本篇導讀——

本篇倡言貴生，作者歷述古人子州支父、王子搜、顏闔貴生重己的思想，說明貴生者可以輕視天下國家，鄙棄富貴榮華，而追求享受尊貴生命所帶來的喜悅。篇末引述古代體道人子華子之言，說明生命的層次：「全生為上，其次虧生，其次死，最下迫生。」

聖人深慮天下莫貴於生。夫耳目鼻口，生之役也[1]。耳雖欲聲，目雖欲色，鼻雖欲芬香，口雖欲滋味，害於生則止[2]。在四官者所欲，不利於生者則弗為[3]。由此觀之，耳目鼻口，不得擅行，必有所制[4]。譬之若官職，不得擅為，必有所制[6]。此貴生之術也。

注釋

1 役：事，役使。

2 止：禁。

3 「在四官者所欲」兩句：原文本作「在四官者不欲，利於生者則弗為」，按文意應作「在四官者所欲，不利於生者則弗為。」今據改。四官：指耳、目、鼻、口。

4 制：制於心也。

譯文

聖人深切地考察了天下眾多的事情，最看重的便是生命。耳目鼻口，都是由生命來役使的。我們的耳朵所愛的，是聽音樂；眼睛所愛的，是看美色；鼻子所愛的，是聞芳香；嘴巴所愛的，是吃美味，但若這些聲色滋味對生命健康有害，便應該即時被禁止。即使耳目鼻口渴望接受，但如對生命健康不利，我們也不應該做。由此看來，我們不能夠讓耳目鼻口任性獨行，必須約束管制它們。就像各種官職，不能夠隨意設置，獨斷專行，而必須加以制約一樣。這才是珍重生命的方法。

賞析與點評

本段強調貴生思想，提出「耳雖欲聲，目雖欲色，鼻雖欲芬香，口雖欲滋味，害於生則止。」可見飲食滋味、繁華聲色，雖為城市人日常生活之所嚮往，仍不應以危害生命健康作為代價。

堯以天下讓於子州支父[1]。子州支父對曰：「以我為天子猶可也。雖然，我適有幽憂之病，方將治之，未暇在天下也[2]。」天下，重物也，而不以害其生，又況於他物乎？惟不以天下害其生者也，可以託天下。

注釋

1 子州支父：古代的賢人。

2 在：「在」字的意義和用法，該與《禮記．大學》：「心不在焉」相同，〈大學〉說：「心不在焉，視而不見，聽而不聞，食而不知其味。」表示注意力所集中的地方。

譯文

堯想要把天下讓給子州支父，子州支父回答說：「讓我做天子是可以的，可是我現在卻不幸得了隱憂之病，正要治病，我的心不在天下。」雖然天下是極其珍貴的東西，但聖人卻不會因為它而傷害自己的生命，更何況是其他價值低於「天下」的東西呢？只有不會因為天下而傷害自己生命的人，才可以把天下託付給他。

越人三世殺其君[1]，王子搜患之，逃乎丹穴[2]。越國無君，求王子搜而不得，從之丹穴[3]。王子搜不肯出，越人薰之以艾[4]，乘之以王輿[5]。王子搜援綏登車[6]，仰天而呼曰：「君乎，獨不可以舍我乎[7]！」王子搜非惡為君也，惡為君之患也。若王子搜者，可謂不以國傷其生矣，此固越人之所欲得而為君也[8]。

注釋

1 殺：《莊子．讓王》作「弒」。

2 丹穴：即山洞。

3 從：與「蹤」通，按跡追蹤。

4 越人薰之以艾：《淮南子．原道》作「越王翳逃山穴，越人熏而出之。」以「丹穴」為「山穴」。

5 輿：國君專用的車。

6 援：拉。綏（粵：需；普：suí）：指馬車的綏繩，古人上車時用作挽手。

7 舍：捨棄、丟棄。

8 所欲得：「所」下疑脫「以」字。

譯文

越國的人連續三代都殺了他們的國君，王子搜因此感到十分懼怕，逃到一個山洞裏去。越國沒有國君，人們到處尋找王子搜卻沒有結果，後來在一個山洞裏發現了他。王子搜在洞穴中堅決不肯出來，越人燃燒艾草煙熏洞穴迫他出來，讓他坐上國君的車輦。王子搜於是拉着登車的繩子上車，仰天長嘆道：「國君啊，國君！

怎麼這個職位偏不能放過我呢？」王子搜其實並不是厭惡當國君，而是厭惡當上國君而招致的禍患。像王子搜這樣的人，可說是不肯因為國家而傷害自己的生命，這也正正是越人想讓他當國君的原因。

魯君聞顏闔得道之人也，使人以幣先焉[1]。顏闔守閭[2]，麤布之衣[3]，而自飯牛[4]。魯君之使者至，顏闔自對之。使者曰：「此顏闔之家邪？」顏闔對曰：「此闔之家也。」使者致幣[5]，顏闔對曰：「恐聽繆而遺使者罪[6]，不若審之[7]。」使者還反審之，復來求之，則不得已[8]。故若顏闔者，非惡富貴也，由重生惡之也。世之人主，多以貴富驕得道之人[9]，其不相知，豈不悲哉！

注釋

1 先：即事先致意。

2 守：居，意指住所。

3 麤（粵：粗；普：cū）：指粗布。

4 飯：餵飼牲畜的意思。

5 致：獻贈。

6 繆：與「謬」相通，錯誤的意思。

7 審：核查清楚。與前句意思是恐怕所聽的有謬誤，導致誤送錢幣，因而獲罪，故勸使者詳細審核資料是否正確。

8 不得已：顏闔已經踰牆逃走，因此找不到，故說「不得已」。

9 驕：傲視。

譯文

魯國的國君聽說顏闔是個有道的賢士，便派人帶着幣帛先去拜候他，想請他出仕。顏闔住在簡陋的小巷，身穿粗衣麻布，正在餵牛，魯君的使者來到顏闔的家，顏闔親自來接待他。使者問道：「這裏是顏闔的家嗎？」顏闔回答說：「這裏正是我的家。」使者致送幣帛，並表明來意。顏闔說：「恐怕你把名字聽錯了，這會讓你受國君處罰的，不如先弄清楚再說吧。」使者回去問得清楚明白以後，再回來找顏闔，卻再也找不到他了。像顏闔這種人，並不是厭惡富貴，而是因為珍重生命才厭惡它。世上的君主，大多都恃着富貴而傲視有道之人，他們如此地不了解有道之人，這難道不是很可悲嗎？

故曰：道之真[1]，以持身；其緒餘，以為國家；其土苴[2]，以治天下。由此觀之，帝王之功，聖人之餘事也，非所以完身養生之道也。今世俗之君子，危身棄生以徇物[3]，彼且奚以此之也[4]？彼且奚以此為也[5]？

注釋

1 真：根本，實質。

2 土苴：渣滓，表示微賤的東西。土，指瓦礫。苴，指草薊。

3 徇：猶隨也。

4 之：往。

譯文

所以說：道的根本是用來治身的，剩餘的才用來治國，然後再用其多餘的渣滓來治理天下。由此看來，帝王的功業是聖人在養生之外多餘的事，而不是用以全身養生的方法。如今世俗的所謂君子，傷害身體甚至捨棄生命去追求外在之物，這些世俗的君子，抱着這種危害生命而追隨物欲的心態，他們可以走到哪裏去？他們可以有甚麼作為？

凡聖人之動作也，必察其所以之與其所以為。今有人於此，以隨侯之珠彈千仞之雀[1]，世必笑之，是何也？所用重所要輕也[2]。夫生豈特隨侯珠之重也哉[3]？

注釋

1 隨侯之珠：傳說中隨侯有一顆珍貴的明珠。仞：古時表示長度的單位。

2 重：指隨侯珠。要：得，追求。輕：指雀。

3 特：只。

譯文

但凡聖人的一舉一動，都必須明確知道他所要到達的目的地，和所能完成的作為。假如有人用隨侯的明珠來彈射千仞之上的飛鳥，世人必定會嘲笑他。為甚麼呢？因為他所運用的工具價值珍貴，所追求的目標卻微不足道。至於個人生命，其價值之珍貴，又豈止於隨侯之珠呢？

子華子曰[1]：「全生為上，虧生次之，死次之，迫生為下。」故所謂尊生者，全生之謂。所謂全生者，六欲皆得其宜也[2]。所謂虧生者，六欲分得其宜也。虧生則於其尊之者薄矣。其虧彌甚者也，其尊彌薄[3]。所謂死者，無有所以知，復其未生也。所謂迫生者，六欲莫得其宜也，皆獲其所甚惡者，服是也，辱是也。辱莫大於不義，故不義，迫生也，而迫生非獨不義也，故曰迫生不若死。奚以知其然也？耳聞所惡，不若無聞；目見所惡，不若無見。故雷則掩耳，電則掩目，此其比也[4]。凡六欲者，皆知其所甚惡，而必不得免[5]，不若無有所以知，無有所以知者，死之謂也，故迫生不若死。嗜肉者，非腐鼠之謂也；嗜酒者，非敗酒之謂也[6]；尊生者，非迫生之謂也。

注釋

1 子華子：古代體道之人，傳說為戰國魏人。

2 六欲：意思是生死及耳目口鼻的欲望。

3 彌：益，更。

4 比：相似，相像。

5 而：如果。

6 敗：腐敗。

譯文

子華子說：「全生是最高明的，其次是虧生，再次一等的是死，而最下等的就是迫生。」所謂尊生，指的就是全生。所謂全生，就是說六欲皆得適宜。所謂虧生，是指六欲只有部分得到適宜。虧生的人對其所尊貴的生命的天性已覺微薄，生命受到虧損越多，所尊貴的生命的天性便越薄弱。所謂死，是說生命失去了全部知覺，等於回復到未生時的狀態。所謂迫生，是說六欲中沒有一樣得到適宜，所得到的全部都是它們非常厭惡的。屈服屬於迫生這一類，受辱也屬於迫生這一類。恥辱沒有比不義更糟糕的，因此行不義的事即是迫生。可是迫生不僅是行不義這一件事，所以說，迫生不如死亡。何以知道是這樣的呢？耳朵聽到所厭惡的聲音，那不如不聽；眼睛看到所厭惡的事物，那不如不看。所以打雷的時候，人會用手掩着耳朵；閃電的時候，人會掩目，正正是這樣的道理。大凡六欲都知道甚麼是最壞的，若是這些都不能避免，那麼就不如失去全部的知覺。失去全部的知覺，就等同於死，因此迫生不如死去。喜歡吃肉，並不是說要吃腐爛的鼠肉；喜歡喝酒，並不是說要喝變質的酸酒；尊重生命，並不是說迫生這一類生活模式。

情欲

本篇導讀——

本篇旨在論述節欲養生。文章指出，人的感情欲望是天生的，無法避免；但如能「由貴生動，則得其情矣。」聖人之所以異於常人而能節欲養生，深得貴生之旨，正正因為他們「得其情」，因此生命長壽，並能長久地享受樂音、彩色、美味等。本篇的思想近於荀子的「節欲」說，並指出「天地不能兩」，勸勉世人在成就功業與貴生不能兩全的情況下，當「法天地」而致力貴生。

天生人而使有貪有欲。欲有情[1]，情有節[2]。聖人修節以止欲，故不過行其情也。故耳之欲五聲[3]，目之欲五色[4]，口之欲五味[5]，情也。此三者，貴賤愚智賢不肖欲之若一，雖神農、黃帝，其與桀、紂同。聖人之所以異者，得其情也[6]。由貴生動則得其情矣[7]，不由貴生動則失其情矣。此二者，死生存亡之本也。

注釋

1 情：實質，指欲念的實質內容。《荀子・正名》言：「性之好、惡、喜、怒、哀、樂謂之情。」

2 節：適度，適量。

3 五聲：指宮、商、角、徵、羽五音。

4 五色：指青、赤、白、黑、黃五種顏色。

5 五味：指酸、甜、苦、辣、鹹五種味道。

6 「聖人之所以異者」兩句：意思是聖人由貴生出發，所以在欲念的滿足上有所節制，從而得到合理的限度。

7 由貴生動：意指由貴生的準則出發，作為衡量的標準。

譯文

天生人而使人有貪念和欲望。欲望生於情，而情之發可以節制。聖人在節制方面進行修煉，俾能控制欲念，因此不會過度放縱自己追求情欲的實踐。耳朵想聽各種樂音，眼睛想看各種色彩，嘴巴想嘗各種美味，這些都是與生俱來的情欲。這三方面，人們不論高貴抑或卑賤，愚笨還是聰明，賢能抑或不肖，他們的欲望都是一樣的。即使是神農、黃帝，他們的情欲亦與夏桀、商紂相同。聖人之所以有別於一般人，是由於他們能夠控制情欲使之適度。由貴生的角度出發，情欲自可適度；不從貴生的角度出發，就會失去適度的情欲。這兩種情況，是關係到生死存亡的根本。

俗主虧情[1]，故每動為亡敗。耳不可贍[2]，目不可厭，口不可滿，身盡府種[3]，筋骨沈滯[4]，血脈壅塞，九竅寥寥[5]，曲失其宜[6]，雖有彭祖[7]，猶不能為也。其於物也，不可得之為欲，不可足之為求，大失生本。民人怨謗，又樹大讎；意氣易動，蹻然不固[8]；矜勢好智，中欺詐；德義之緩，邪利之急。身以困窮，雖後悔之，尚將奚及[9]？巧佞之近，端直之遠[10]，國家大危，悔前之過，猶不可反。聞言而驚，不得所由。百病怒起，亂難時至。以此君人，為身大憂。耳不樂聲，目不樂色，口不甘味，與死無擇[11]。

注釋

1 俗主：世俗的君主。

2 贍：滿足。

3 府種：通作疛腫，意思類近今天所說的「水腫」。

4 沈滯：指積滯，不暢通。

5 九竅：九孔，指耳、目、口、鼻、尿道、肛門九個孔道。寥寥：空虛的樣子。

6 曲：遍也，盡也。《荀子．非十二子》云：「曲得其宜，如是，然後聖人也。」王先謙《荀子集解》注云：「各得其宜」，亦是盡然的意思。

7 彭祖：殷之賢臣，治性清靜，於物無欲，年壽達七百歲。

8 蹻：舉足甚高之意，此謂俗主意氣用事，趾高氣揚，志氣容易改變而不固定。

9 奚：何也。

10 端直：宜原作「正直」，避秦王政諱改。

11 擇：分別。

譯文

世俗的君主不能節制他們的情欲，所以動輒滅亡。他們的耳朵喜愛聲樂而不知滿足，眼睛喜愛美色而不知滿足，嘴巴喜好滋味而不知滿足，以致全身浮腫，筋骨沉滯不通，血脈阻塞不暢，九竅空虛，全身的器官都喪失了正常的機能。到了這種地步，即使精通養生的長壽者彭祖到來，也將無能為力了。世俗的君主對於外物，總是貪求一些不可得到的東西，追求一些不可滿足的欲望，這樣必然會大大喪失了生命的根本；又將招來百姓的怨恨指責，為自己樹立仇敵。他們意氣用事，趾高氣揚，意志動搖不專；他們誇權耀勢，好用計謀，胸懷欺詐，輕視道德正義，追逐邪惡私利，最終陷入窮途末路的困境，即使事後追悔，還來得及嗎？他們親近巧詐的人，疏遠正直之士，使國家處於危難之中，這時即使悔恨從前的過失，已經無法挽回了。聽到自己即將滅亡的消息才感到驚惶，卻仍然不知道造成這種後果的因由。各種疾病暴然發作，反叛內亂危難不斷發生。這樣治理百姓，只會為自己帶來極大的憂患。這個時候，耳聽樂音也不覺快樂，眼看美色不覺美好，口吃美味不覺香甜，實際上與死無別。

古人得道者[1]，生以壽長，聲色滋味，能久樂之，奚故？論早定也。論早定則知早嗇[2]，知早嗇則精不竭。秋早寒則冬必煖矣，春多雨則夏必旱矣，天地不能兩，而況於人類乎？人之與天地也同，萬物之形雖異，其情一體也。故古之治身與天下者，必法天地也。

注釋

1 人：孫蜀丞認為「人」字疑為「之」字草書之訛。

2 嗇：吝嗇，吝嗇精神，故不致枯竭。按此文可參《老子》第五十九章：「治人事天，莫若嗇。夫唯嗇，是謂早服。」

譯文

古代的得道之人，生命得以長壽，樂音、彩色、美味能夠長久地享受，這是為甚麼呢？這是由於他們的心中早就確立了貴生的信念！貴生的信念越早確立，就越知道要及早愛惜精神避免過分勞累，知道要及早愛惜精神，精神就不會衰竭。秋天過度寒冷，冬天就必定溫暖；春天雨水過多，夏天就一定乾旱。天地尚且不能兩全，更何況是人呢？人與天地是相同的。萬物的形態雖然各異，但它們的本性都是一樣的。所以，古代修養身心與治理天下的人必定效法天地。

賞析與點評

作者在這段提出「節欲早嗇」，避免年青時過度操勞，晚年多病，當中以四季比喻人的生命：「秋早寒則冬必煖矣，春多雨則夏必旱矣，天地不能兩，而況於人類乎？」香港作為國際商業都會，城市人慣於超時工作，追求卓越，其實於身體無益，因此對於呂書所言的「天地不能兩」，理當銘記於心。

尊、酌者眾則速盡[1]。萬物之酌大貴之生者眾矣，故大貴之生常速盡。非徒萬物酌之也，又損其生以資天下之人[2]，而終不自知。功雖成乎外，而生虧乎內。耳不可以聽，目不可以視，口不可以食，胸中大擾，妄言想見[3]，臨死之上，顛倒驚懼[4]，不知所為，用心如此，豈不悲哉！

注釋

1 尊：酒樽。

2 資：給予。

3 想見：因病而看到各種幻象幻覺，類近今天的「思覺失調」。

4 顛倒：指精神錯亂。

譯文

酒樽盛酒有限，酌而飲之的人越多，酒樽中的酒便越快耗盡。從君主的角度來看，萬物可以用來消耗他們尊貴的生命者眾多，所以他們尊貴的生命經常快速耗盡。不僅萬物消耗他們尊貴的生命，他們甚至自行耗損生命來為天下人效勞，而自己卻始終不察覺。雖然在外面看來功成名就，但自己內在的生命卻已經耗損了。以致耳不能聽，眼不能看，嘴不能吃，終日憂心忡忡，神智恍惚，幻覺時見；臨死之前，神經錯亂，驚恐萬分，也不知道如何是好。耗費心力到了如斯地步，難道不可悲嗎？

世人之事君者，皆以孫叔敖之遇荊莊王為幸[1]，自有道者論之則不然，此荊國之幸[2]。荊莊王好周遊田獵，馳騁弋射[3]，歡樂無遺，盡傳其境內之勞與諸侯之憂於孫叔敖[4]，孫叔敖日夜不息，不得以便生為故[5]，故使莊王功迹著乎竹帛，傳乎後世。

注釋

1 孫叔敖：楚國令尹。
2 荊國：即楚國，因避秦莊襄王子楚名諱，改作荊，《呂》書習見。
3 弋（粵：亦；普：yì）：以繩繫箭。
4 勞：事功。
5 故：事。

譯文

世上作為臣子的人，都認為孫叔敖受到楚莊王的賞識是幸運的事。但是有道之人卻不以為然。他們認為這是楚國的幸運。楚莊王喜愛四處遊玩狩獵，騎馬射箭，盡情享樂，把治國的勞苦和諸侯間的憂慮，都全部交給孫叔敖。孫叔敖日夜操勞不息，無暇顧及有利於自己生命的事情，而使楚莊王的功績載於史冊，並流傳後世。

季春紀

盡數

本篇導讀——

本篇旨在論述養生之道，「盡數」就是指終其壽數，盡享天年，避免中道夭折，從而提出養生之道。篇中指出終其天年的關鍵在於「去害」，避免「五味」、「五情」，並闡述稷下學派之精氣說，以為保存精氣，使之運行無阻，並能吐故納新，即為養生之道。

天生陰陽寒暑燥濕，四時之化，萬物之變，莫不為利，莫不為害。聖人察陰陽之宜，辨萬物之利以便生[1]，故精神安乎形[2]，而年壽得長焉。長也者，非短而續之也，畢其數也[3]。畢數之務，在乎去害。何謂去害？大甘、大酸、大苦、大辛、大鹹[4]，五者充形則生害矣[5]。大喜、大怒、大憂、大恐、大哀，五者接神則生害矣[6]。大寒、大熱、大燥、大濕、大風、大霖、大霧，七者動精則生害矣。故凡養生，莫若知本，知本則疾無由至矣。

注釋

1 便生：為生命帶來好處。
2 安：指精神安守於形軀之內。
3 畢：盡也，盡其壽數。
4 大：過度的。
5 充：塞。
6 接神：與精神相接。

譯文

天地生成陰陽、寒暑，燥濕，以及四季的交替、萬物的變化，皆有其於人有利的一面，也同時存在傷害的一面。聖人體察陰陽變化的規律，辨別萬物的益處以利於生命，因此，精神安守在體內，生命得以長壽。所謂長壽，並不是讓本來短促的生命得以延長，而是說盡其天年，享盡壽數。盡其天年的關鍵在於避開不利於生命的危害。如何避開危害呢？太甜、太酸、太苦、太辣、太鹹，這五種味道吃下去就會危害生命。過度歡喜、過度憤怒、過度憂鬱、過度恐懼、過度悲哀，這五種情緒和精神交接，也會對生命造成危害。太冷、太熱、太乾燥、太潮濕、太多風、太多雨、太多霧，這七種居住環境都會動搖人體內的精氣，那麼生命就會受到危害了。所以，凡是想養生，最重要是了解根本，掌握了根本以後，疾病就無由生成了。

精氣之集也[1]，必有入也。集於羽鳥與為飛揚，集於走獸與為流行[2]，集於珠玉與為精朗[3]，集於樹木與為茂長，集於聖人與為敻明[4]。精氣之來也，因輕而揚之，因走而行之，因美而良之，因長而養之，因智而明之[5]。

注釋

1 精氣：形成萬物的元氣。

2 流行：行走。

3 精朗：陳昌齊云：「精朗」，據下文當作「精良」。

4 敻（粵：慶；普：xiòng）明：聰明睿智。敻，大、遠。

5 因：因藉事物之本質而優化之。

譯文

精氣聚集的特質，必定要有所寄託。聚集於羽鳥上，便體現為飛翔；聚集於走獸上，便體現為行走；聚集於珠玉上，便體現為美潤；聚集於樹木上，便體現為繁茂；聚集於聖人上，便體現為聰明睿智。精氣到來，將因應輕盈的物體而使它飛揚，因應能跑的動物而使牠奔走，因應具有美好特性的物體而使它精美，因應能夠成長的物類而使它繁盛，因應具有智慧的人體而使他聰穎。

流水不腐[1]，户樞不螻[2]，動也。形氣亦然，形不動則精不流，精不流則氣鬱[3]。鬱處頭則為腫為風[4]，處耳則為挶為聾[5]，處目則為瞡為盲[6]，處鼻則為鼽為窒[7]，處腹則為張為府[8]，處足則為痿為蹷[9]。

注釋

1 腐：臭敗也。

2 户樞：門與門框相連的轉軸，用以開合。螻（粵：樓；普：lóu）：小昆蟲，這裏指蟲蛀。

3 鬱：鬱滯。

4 腫、風：二者皆為頭部所患疾病。

5 挶（粵：菊；普：jū）、聾：二者皆為耳疾。

6 瞡（粵：滅；普：miè）：眼眶紅腫。盲：看不見。二者皆為目疾。

7 鼽（粵：求；普：qiú）：鼽鼻。窒：阻塞不通。二者皆為鼻疾。

8 張：腹部腫脹。府：通「疛」，指腹部水腫。二者皆為腹疾。

9 痿：躄不能行。蹷：足部僵硬不能行。二者皆為足疾。

譯文

流動的水不會腐臭，轉動的門軸不為蟲朽，這都是因為不斷運動的緣故。人的身體和精氣也是一樣。身體不活動，精氣就不會運行；精氣不運行，氣就鬱結。鬱結出現在頭部就會造成腫疾、風疾，鬱結在耳部就會造成挶疾、聾疾，鬱結在眼部就會造成瞶疾、盲疾，鬱結在鼻部就會造成鼽疾、窒疾，鬱結在腹部就會造成腹脹、疛疾，鬱結在腳部就會造成痿疾、蹷疾。

輕水所多禿與癭人[1]，重水所多尰與躄人[2]，甘水所多好與美人，辛水所多疽與痤人[3]，苦水所多尪與傴人[4]。

注釋

1 禿：無髮。癭（粵：影；普：yǐng）：頸部腫瘤。

2 尰（粵：腫；普：zhǒng）：足腫。

3 疽（粵：追；普：jū）、痤（粵：鋤；普：cuó）：皆為惡瘡。

4 尪（粵：汪；普：wāng）：胸骨彎曲，突胸仰向。傴（粵：瘀；普：yǔ）：脊背彎曲，形成駝背。

譯文

水中含鹽分及其他礦物質過少的地方，多有禿頭和頸上生瘤的人；水中含鹽分及其他礦物質過多的地方，多有腳腫和痿躄的人；水味甜美的地方，多有美麗和健康的人；水味辛辣的地方，多有生惡瘡的人；水味苦澀的地方，多有患鷄胸、駝背的人。

凡食無彊厚，味無以烈味，重酒，是以謂之疾首[1]。食能以時，身必無災。凡食之道，無飢無飽，是之謂五藏之葆[2]。口必甘味，和精端容[3]，將之以神氣[4]。百節虞歡[5]，咸進受氣[6]。必小咽，端直無戾[7]。

注釋

1 是以謂之疾首：陶鴻慶認為當作「是之謂疾首」。

2 是之謂五藏之葆：一本作「是為五藏之寶」。葆，安也。

3 端：正。「端容」一詞不見於先秦典籍，「正容」則見《莊子·田子方》，《禮記·曲禮上》有「正爾容」，《冠義》有「正容體」，此文作「端」者疑避秦王嬴政名諱改。

4 將：持也，引申為導引食物之意。

5 虞：一本作「娛」。

6 咸：皆。受氣：接受精氣滋養。

7 端直：當作「正直」，今本作「端直」者同樣是避秦王名諱改。

譯文

凡飲食不能味道太重，味道太濃烈的食物，重味的酒，都是導致疾病的因由。按時進食，身體就一定不會生病了。飲食的原則，就是要保持不飢不飽的狀態，這樣五臟便能安保。進食時，口腔內慢慢咀嚼食物的甘甜，精神平和，儀容端正，並以精氣導引食物緩緩進入體內，感到全身關節舒暢愉快，全都受到精氣的滋養。飲水時小口下咽，食道端直而不歪曲。

賞析與點評

本篇提出了養生的方法，主要是讓精氣留守形軀之內，並流動不居，這樣便能令身體康健。為使精氣保持流動，作者提出「流水不腐，戶樞不螻」，要求世人保持運動。又提出飲食均衡，以為「凡食無彊厚」，並主張「凡食之道，無飢無飽。」時至今日，這些觀念仍然正確無誤，飲食均衡、適量運動均為現代健康生活之必備條件。由此可見呂書在二千多年前所言的養生之道，歷久彌新，實為金石良言。

今世上卜筮禱祠[1]，故疾病愈來。譬之若射者，射而不中，反修于招[2]，何益於中？夫以湯止沸[3]，沸愈不止，去其火則止矣。故巫醫毒藥[4]，逐除治之[5]，故古之人賤之也，為其末也。

注釋

1 上：一本作「尚」，即崇尚之意。
2 招：標的、箭靶。
3 湯：滾水或熱水的意思。
4 毒藥：古醫治病所用的藥物。

5　逐除：巫師驅邪所用的方法。

譯文

現今社會崇尚占卜、祈禱、祭祀，所以疾病越來越多。這就好像射箭的人不能命中箭靶，不去鍛鍊射藝技巧，反而修正箭靶的位置，這對於射中箭靶有何益處呢？加入熱開水來阻止水的沸騰，沸騰不能阻止，移開下面的柴火，沸騰自然就止住了。巫醫治病所用的藥石和驅鬼方法，古人都不予重視，因為它們對於養生來說只是末節而非根本。

先己

本篇導讀——

本篇論述君主治國之道，指出治國之本在於治身，身治而天下治。《呂氏春秋》勸勉為君者欲求治國之道，理當反本溯源，先治己身，故曰「先己」。君主修身先己，無為而治，選賢用能，治世可期。

湯問於伊尹曰：「欲取天下若何？」伊尹對曰：「欲取天下，天下不可取。可取，身將先取。」凡事之本，必先治身，嗇其大寶。用其新，棄其陳，腠理遂通。精氣日新，邪氣盡去，終其天年[1]。此之謂真人。

注釋

1 終：原作「及」，據俞樾說改，見《諸子平議》。

譯文

湯問伊尹說：「如何治理天下呢？」伊尹回答說：「想要治理好天下，反而治不好。如果天下可以治理好的話，那必須首先修養自身。」做事的根本，必先修養己身，愛惜精氣。不斷吐出陳舊的精氣，吸納新鮮的精氣，精氣吐納運行無阻，血脈肌理自然保持暢通。精氣日日更新，穢濁之氣完全消除，得以盡享天年，我們稱之為「真人」。

昔者先聖王，成其身而天下成，治其身而天下治。故善響者不於響於聲，善影者不於影於形，為天下者不於天下於身。《詩》曰：「淑人君子，其儀不忒[1]。其儀不忒，正是四國」，言正諸身也。

注釋

1 忒（粵：剔；普：tè）：差錯。

譯文

先代的聖王，於自身修養有所成，自然於治理天下亦有所成；成功治理己身，便能達致治理天下的效果。所以，善治回響的人不會致力於回音本身，而是致力於產生回音的聲響的本質；善治影子的人不會致力於影子本身，而是致力於產生影子的物體本質；治理天下的人，不會致力於天下本身，而致力於修養自身。《詩》曰：「美好善良的君子啊！他們的儀態舉止了無差錯。他們的儀態了無差錯，可以作為四方各國的典範。」說的正是治國有成乃從端正自身開始。

故反其道而身善矣；行義則人善矣；樂備君道[1]，而百官已治矣，萬民已利矣。

三者之成也，在於無為。無為之道曰勝天[2]，義曰利身，君曰勿身。勿身督聽，利身平靜，勝天順性。順性則聰明壽長，平靜則業進樂鄉，督聽則姦塞不皇。

注釋

1 備（粵：服；普：fú）：王念孫云：據注「備」應讀「服」。

2 勝：聽任。王念孫云：「勝猶任也。」

譯文

因此，回到修養端正自身的路途，也就是把自己完善到一個美好的境界，行仁義之道，就會得到他人的稱許。樂意遵循垂拱無為的治國之道，百官就能各司其職，國家就能治理得當，而使百姓受益。要達到這三種情況，就在於實踐「無為」。無為之道在於聽任天道，無為之義在於修養自身，無為之君凡事不需要親力親為。不親身治理事務，就能審慎聆聽不同的意見；不親為乃能養生利己，心境平靜，聽任天道，順應天性，順應天性就能聰明長壽。君主心境平靜則治績有進，百姓樂於歸依；審慎聆聽臣下的不同意見，奸邪歪道自然閉塞，臣下各事所職而無暇亂政。

故上失其道則邊侵於敵，內失其行，名聲墮於外。是故百仞之松，本傷於下，而末槁於上；商、周之國，謀失於胸，令困於彼。故心得而聽得，聽得而事得，事得而功名得。五帝先道而後德[1]，故德莫盛焉[2]；三王先教而後殺，故事莫功焉；五伯先事而後兵，故兵莫彊焉。當今之世，巧謀並行，詐術遞用，攻戰不休，亡國辱主愈眾，所事者末也。

注釋

1 五帝：指黃帝、高陽、高辛、堯、舜。

2 德莫盛：意謂德之大者，無出於五帝。

譯文

所以，君主治國無道，敵國便能侵犯邊境，國內喪德敗行，聲名掃地，國外皆知。因此，即使是百仞高的松樹，一旦下面的樹根受到傷害，上面的枝葉必將枯萎。商、周兩國正是由於君主謀略失當，政令在外無法推行。所以，心有所得，言行亦有所得；言行有所得，政事亦處理得當；政事處理得當，自然功成名立。五帝以道為首位，而德置於其次，所以沒有人的德行比五帝更美好；三王以教化為首位，而把刑罰置於其次，所以沒有人的功業比三王更優勝；五霸以功業為首位，而把武力征服置於其次，所以沒有人的軍隊比五霸更強大。當今之世，各種奸計施行，詐術被接連使用，攻戰不止，敗亡的國家、受辱的君主與日俱增，就是因為這些國君採用了捨本逐末的治國方法。

夏后相與有扈戰於甘澤而不勝[1]，六卿請復之[2]，夏后相曰：「不可。吾地不淺，吾民不寡，戰而不勝，是吾德薄而教不善也。」於是乎處不重席[3]，食不貳味，琴瑟不張，鍾鼓不修[4]，子女不飭[5]，親親長長[6]，尊賢使能，期年而有扈氏服。故欲勝人者必先自勝，欲論人者必先自論，欲知人者必先自知。

注釋

1 夏后相：據王應麟說，「夏侯相」當作「夏侯啟」。

2 請復之：意謂請求再戰。

3 處：居所。重席：兩層薦子。

4 修：設立。

5 飭（粵：斥；普：chì）：一本作「飾」。

6 長長：敬長。

譯文

夏后啟和有扈氏在甘澤大戰，結果被打敗，六卿請求再戰，夏后啟說：「不行。我的國土並不小，我的人民也不少，與有扈氏交戰卻戰敗了，這是因為我的恩德淺薄、教化不善的緣故啊！」於是夏后啟的居處從此不用雙層蓆墊，膳食不吃多種菜式，不設琴瑟，不設鐘鼓，子女衣飾素樸；親近親族，敬重長者；尊重賢人，任用能士。一年後，有扈氏就歸服了。因此，想要戰勝別人，先要戰勝自己；想要評論別人，先來評論自己；想要了解別人，先要了解自己。

賞析與點評

本段名言：「欲勝人者必先自勝」，意謂想要戰勝別人，先要戰勝自己，這讓我想到古時亞歷山大大帝（Alexander the Great）曾經征服歐、亞、非三大洲，未嘗一敗，他也說過類近的話：「我真正了不起的地方，不是征服別人，而是征服自己。在還未征服別人之前，我先要征服自己。」亞歷山大大帝出生於公元前三五六年，較《呂氏春秋》成書年代更早，可見古人睿智，思慮相同，無分中西。一九九七年，香港一家電訊公司的廣告對白「要贏人先要贏自己」，曾經風靡一時，其實不過擷取古人言詞而已。

《詩》曰：「執轡如組[1]。」孔子曰：「審此言也可以為天下。」子貢曰：「何其躁也？」孔子曰：「非謂其躁也，謂其為之於此，而成文於彼也，聖人組脩其身，而成文於天下矣。」故子華子曰：「丘陵成而穴者安矣，大水深淵成而魚鼈安矣，松柏成而塗之人已蔭矣。」

注釋

1 轡（粵：臂；普：pèi）：繮繩。組：編織。高誘注：「夫組織之匠，成文於手，猶良御執轡於手而調馬口，以致萬里也。」

譯文

《詩經》說：「手執繮繩馭馬，就如編織一樣。」孔子說：「明悉這句話的意義，就可以治理天下了。」子貢問道：「按照《詩》所言以馭馬的方式來治國，不是太急躁了嗎？」孔子說：「這句話不是說馭馬者動作急躁，而是說絲線在自己的手中編織，華麗的花紋便在別人的衣裳上顯現；聖人修養自身，而能成就大業造福天下。」所以子華子說：「有丘陵的地方，居於洞穴的動物就有安身之所；有深淵的地方，魚鼈就能安閒地生活；有松柏的地方，行人就可以在樹蔭下納涼歇息了。」

孔子見魯哀公，哀公曰：「有語寡人曰：『為國家者，為之堂上而已矣。』寡人以為迂言也。」孔子曰：「此非迂言也。丘聞之：『得之於身者得之人，失之於身者失之人。』不出於門戶而天下治者，其惟知反於己身者乎！」

譯文

孔子謁見魯哀公，哀公說：「有人對我說：『治理國家的人，安坐在朝堂之上就可以了。』我認為這是迂闊之言。」孔子答道：「這並不是迂闊之言。我曾聽說過：『在自身有所得到的，在他人那裏也會有所得到；在自身有所失去的，在他人那裏也會有所失去。』不出門卻能把天下治理好，正是懂得修養自身的國君才能做到。」

孟夏紀

用眾

本篇導讀——

《呂氏春秋》的治國思想是「因而不為」，人君既然「因而不為」，就必須用眾，這樣才能有效管治國家。篇中云：「故以眾勇無畏乎孟賁矣，以眾力無畏乎烏獲矣，以眾視無畏乎離婁矣，以眾知無畏乎堯、舜矣。夫以眾者，此君人之大寶也。」指出君主只要博採眾長，便可成功治國，是立君之本，三皇五帝由此可以大建功名。

善學者若齊王之食雞也，必食其跖數千而後足[1]，雖不足，猶若有跖。

注釋

1 跖：雞腳。數千：言眾多也，並非實數。千，本作「十」。

譯文

善於學習的人，就像齊王吃雞一樣，一定要吃上幾千隻雞腳才會滿足，即使不足夠，仍有雞腳可供取食。

物固莫不有長，莫不有短。人亦然。故善學者，假人之長以補其短[1]。故假人者遂有天下[2]。

無醜不能，無惡不知。醜不能、惡不知，病矣[3]；不醜不能、不惡不知，尚矣[4]。雖桀、紂猶有可畏可取者，而況於賢者乎？

注釋

1 假：憑藉。

2 故假人者遂有天下：《太平御覽》卷六〇七引作「故假而又假，遂有天下。」

3 病：困窘之意。

4 尚：通作「上」。

譯文

事物本來就各有長處，也各有短處。人也是如此。所以，善於學習的人，能夠借助別人的長處來彌補自己的短處。因此，善於吸取眾人長處的人，就可以取得天下。不要把不能看成恥辱，不要以不知為恥。把不能看成恥辱，把不知看成恥辱，就會使人困窘。不以不能為恥，不以不知為恥，這才是高明的人。即使桀、紂那樣的暴君尚且有令人敬畏、可取的長處，更何況是賢明的人呢？

故學士曰：「辯議不可不為[1]。」辯議而苟可為，是教也。教大議也。辯議而不可為，是被褐而出[2]，衣錦而入[3]。

注釋

1 辯議不可不為：疑本作「辯議而可為而不可為」。下文「而苟可為」、「而不可為」正承此而言。《孫叔敖碑》：「貪吏而可為而不可為……貪吏而不可為者……而可為者。」句法與此正同。（見逯欽立《先秦漢魏晉南北朝詩》）《呂氏春秋．察微》云：「治亂存亡……如可知，如不可知；如可見，如不可見。」句法亦與此同。不可為，意思是不可施。

2 被褐：貧賤人民所穿的粗麻布衣。

3 衣錦：比喻學業已成。錦，華美絲綢製成的衣裳。

譯文

所以學識淵博的人說：辯議可以可為，可以不可為。如果說辯議可為的話，這是指施教者而言，施教本身就存在偉大的義理；辯議如屬不可為，那是因為辯議的目的只是為了個人的利祿，就好像渴求出門時穿着粗麻布衣，歸來時卻已穿着華美絲綢一樣。

戎人生乎戎、長乎戎而戎言[1]，不知其所受之；楚人生乎楚、長乎楚而楚言[2]，不知其所受之。今使楚人長乎戎，戎人長乎楚，則楚人戎言，戎人楚言矣。由是觀之，吾未知亡國之主不可以為賢主也，其所生長者不可耳。故所生長不可不察也。

注釋

1 戎：西部的少數民族。

2「楚人生乎楚」兩句：參《荀子・儒效篇》云：「居楚而楚，居越而越，居夏而夏，是非天性也，積靡使然也。」

譯文

戎人生於戎地，長於戎地，說着戎人的語言，自己卻不知道跟誰受學而來。楚人生在楚地，長在楚地，而說楚人的語言，自己卻不知道跟誰受學而來。假如讓楚人在戎地生長，讓戎人在楚地生長，那麼楚人說的就會是戎人的語言，戎人說的就會是楚人的語言了。由此看來，我不相信亡國的君主不可能成為賢明的君主，那不過是他們所生活的環境不允許而已。因此，人們生長的環境不能不考察啊！

天下無粹白之狐[1]，而有粹白之裘，取之眾白也。夫取於眾，此三皇、五帝之所以大立功名也[2]。凡君之所以立，出乎眾也。立已定而舍其眾，是得其末而失其本。得其末而失其本，不聞安居。故以眾勇無畏乎孟賁矣[3]，以眾力無畏乎烏獲矣[4]，以眾視無畏乎離婁矣[5]，以眾知無畏乎堯、舜矣。夫以眾者，此君人之大寶也。田駢謂齊王曰[6]：「孟賁庶乎患術，而邊境弗患；楚、魏之王，辭言不說，而境內已修備矣，兵士已修用矣；得之眾也」。

注釋

1 粹：純粹。

2 三皇：指伏羲、神農、女媧。五帝：指黃帝、帝嚳、顓頊、帝堯、帝舜。

3 孟賁（粵：奔；普：bēn）：戰國時代勇士。

4 烏獲：戰國時代大力士，能舉千鈞。

5 離婁（粵：留；普：lóu）：黃帝時人，視力特佳，能見針末於百步之外。

6 田駢（粵：pin⁴；普：pián）：戰國時齊人。

譯文

天下沒有毛色純白的狐狸，卻有純白色的狐裘，因為這是從許多白狐狸的皮毛中取來製成的。善於吸取眾人的長處，這正是三皇五帝成功建立功名的原因。大凡君主的確立，都是要聚集眾人的力量才能達成。君位一經確立就捨棄眾人，這是捨本逐末的做法。凡是捨本逐末的君主，他的地位都不會安穩。所以，依靠眾人的勇氣就無須懼怕孟賁，依靠眾人的力氣就無須懼怕烏獲，依靠眾人的眼力就無須懼怕離婁，依靠眾人的智慧就無須懼怕趕不上堯、舜了。依靠眾人，這是統治人民的法寶。田駢對齊王說：「就連勇猛的孟賁對於眾人的力量也感到無可奈何，因此我們無須擔憂齊國邊境會受到侵擾。」楚國、魏國的君主都不貴辭令，而國內備戰的各種戰略設施已經修整完備，士兵已經訓練有素，嚴陣以待，這都是得力於民眾的力量啊！

賞析與點評

這段提出「凡君之所以立，出乎眾也。立已定而舍其眾，是得其末而失其本。得其末而失其本，不聞安居。」表示君主由群眾擁護而生，得到君位卻背棄群眾，是難以安居的。現今民主選舉，參選者在獲選後背棄選民、違背選舉承諾，時有聽聞，實在可以《呂氏春秋》本篇所言為戒。

季冬紀

士節

本篇導讀——

本篇討論義士氣節，篇中記述齊國隱士北郭騷敬重晏子德義，因以死為晏子平反冤誣，從而宣揚士人「當理不避其難，臨患忘利，遺生行義」的高尚節操。

士之為人，當理不避其難，臨患忘利，遺生行義，視死如歸。有如此者，國君不得而友，天子不得而臣。大者定天下，其次定一國，必由如此人者也。故人主之欲大立功名者，不可不務求此人也。賢主勞於求人，而佚於治事。

譯文

壯士為人處世，堅持正義，不避危難，面臨禍難忘記私利，即使捨棄生命，也得履行道義，視死如歸。有這樣的賢士，連國君都無法使他成為自己的朋友，天子都不能夠使他向自己稱臣。這種人功績之大可以平定天下，功績稍遜也可以平定一國，必須由這樣的賢士來完成大業。所以，想要建立大功業、顯名聲的君主，不可以不誠心訪求這樣的人。賢君努力求士，不辭勞苦，求得賢士相助，自然可以安於逸樂，無須治事。

齊有北郭騷者[1]，結罘罔[2]，捆蒲葦[3]，織屨履[4]，以養其母猶不足，踵門見晏子曰[5]：「願乞所以養母[6]。」晏子之僕謂晏子曰：「此齊國之賢者也，其義不臣乎天子，不友乎諸侯，於利不苟取，於害不苟免。今乞所以養母，是說夫子之義也[7]，必與之。」晏子使人分倉粟分府金而遺之，辭金而受粟。有間，晏子見疑於齊君，出奔[8]，過北郭騷之門而辭。北郭騷沐浴而出見晏子曰[9]：「夫子將焉適[10]？」晏子曰：「見疑於齊君，將出奔。」北郭子曰：「夫子勉之矣。」晏子上車，太息而歎曰：「嬰之亡豈不宜哉？亦不知士甚矣。」晏子行。北郭子召其友而告之曰：「吾說晏子之義[11]，而當乞所以養母焉。吾聞之曰：『養及親者，身伉其難[12]。』今晏子見疑，吾將以身死白之。」著衣冠，令其友操劍奉笥而從[13]，造於君庭，求復者曰[14]：「晏子，天下之賢者也，去則齊國必侵矣。必見國之侵也，不若先死。請以頭託白晏子也。」因謂其友曰：「盛吾頭於笥中，奉以託。」退而自刎也。其友因奉以託。其友謂觀者曰：「北郭子為國故死[15]，吾將為北郭子死也。」又退而自刎。齊君聞之，大駭，乘驛而自追晏子[16]，及之國郊，請而反之。晏子不得已而反，聞北郭騷之以死白己也，曰：「晏嬰之亡豈不宜哉？亦愈不知士甚矣。」

注釋

1 北郭騷：春秋時齊國的隱士。

2 罘（粵：浮；普：fú）罔：捕獸的網。

3 捆：即砸。

4 屨（粵：據；普：jù）履：麻、葛製成的鞋。一作「葩履」，畢沅據《尊師篇》定作「葩屨」。

5 踵（粵：腫；普：zhǒng）門：走到門前。

6 所以養母：指用來奉養母親的糧食。

7 說：同「悅」。

8 出奔：逃難到外國。

9 沐浴而出：表示有禮恭敬。

10 適：往也。

11 吾：原脱「吾」字，據互見文獻《晏子春秋·內篇雜上五》第5.27篇、《說苑·復恩篇》卷六補。

12 伉：當也。

13 奉：捧着。笥（粵：試；普：sì）：方形竹器。

14 復者：指門前傳話的下級官吏。

15 國故：國家的災禍。

16 驛：古時驛站專用的傳車。

譯文

齊國有一個叫北郭騷的人，依靠結網、編葦、織鞋的粗活，卻還不能養活他的母親，於是他走到晏子的門前，求見晏子說：「請求賜予奉養家母。」晏子家僕對晏子說：「這是齊國的賢士，他處世的原則是不向天子稱臣，不向諸侯稱友，不貪取財利，不貪生避禍。如今向你乞討只為養活母親，這是敬重你的君子道義，一定要賜給他。」晏子派人從倉庫中拿出糧食和府庫中的錢財給他，北郭騷僅接受了糧食，卻謝絕了錢財。不久，晏子受到齊王的猜疑出逃，經過北郭騷門前，向他辭別。北郭騷沐浴更衣出來見晏子說：「你將到哪裏去呢？」晏子說：「我被齊王猜疑，所以將要逃亡。」北郭騷說：「先生多保重吧。」晏子登車，慨然嘆氣說：「我的逃亡不應該嗎？我太不懂識辨賢士了。」晏子走了。北郭騷叫來他的朋友告訴他說：「我敬重晏子的道義，當時向他乞討以奉養家母。我聽說過：『幫我供養雙親的人，我該為他承擔危難。』現在晏子受到猜疑，我將要用自己的死來表明他的清白。」於是，北郭騷穿戴衣冠，讓他的朋友拿劍捧着竹筐跟從着自己，到齊國國君的朝廷去，請求通報的人說：「晏子是天下賢能的人，他若離開齊國，齊國就一定會遭到侵略。與其見到國家被入侵，不如我先死更好。希望將我的頭託付給景公，以還晏子的清白。」於是，北郭騷對他的朋友說：「把我的頭放在竹筐中，捧去交託給景公。」語畢，北郭騷舉劍自殺而死。他的朋友捧着盛放他頭顱的竹筐，交託給通報的官員，並對旁邊觀看的人說：「北郭騷是為了國家大事而死的，而我將為北郭騷而死。」說罷退後數步，也自刎而死。齊景公聽了此事後，十分震驚，坐上驛站專用的傳車親自追趕晏子，追到國家的郊外，懇請晏子跟他回去。晏子不得已返回齊國，才聽說北郭騷用死來明己清白，嘆息道：「難道我的逃亡不應該嗎？我是真的不了解賢士了。」

賞析與點評

《呂氏春秋》的貴生說強調生命重於外物，而〈士節〉篇則歌頌義士「遺生行義，視死如歸」的節操，認為生命不及報恩重要，篇中稱頌北郭騷捐棄生命來為晏子明志，北郭騷友人又以死來稱頌北郭騷的氣節，呂書多所稱許，由此可見貴生思想僅就帝王立說，與義士毫無關涉。

不侵

本篇導讀——

所謂「不侵」，是指士人凜然不可侵犯的本質。本篇列舉豫讓、公孫弘事例，以見豫讓誓死為智伯報仇，公孫弘敢於為其主回擊秦昭王的挑釁，表明士人「盡力竭智」、「不辭其患」。

天下輕於身[1]，而士以身為人。以身為人者，如此其重也，而人不知，以奚道相得[2]？賢主必自知士[3]，故士盡力竭智，直言交爭，而不辭其患，豫讓、公孫弘是矣。當是時也，智伯、孟嘗君知之矣。世之人主，得地百里則喜，四境皆賀，得士則不喜，不知相賀，不通乎輕重也。

注釋

1 輕於身：即重於義。
2 奚：何也。
3 自知：自行知道，不須他人教導而知道。

譯文

天下不及自身身體貴重，而士人卻甘願為他人犧牲。為他人犧牲的人是如此地難能可貴，如果人們不了解他們，那怎麼能與他們相互了解而投合呢？賢明的君主一定是親自了解禮遇士人，所以士會竭盡心力，直言相諫，而不避危難。豫讓、公孫弘正是這樣的士。當時，智伯、孟嘗君了解他們。世俗的君主得到百里土地就滿心歡喜，四境之內紛紛到賀，而得到賢士卻無動於衷，不知相互慶賀，這是不曉得輕重之分。

湯、武，千乘也[1]，而士皆歸之。桀、紂，天子也，而士皆去之。孔、墨，布衣之士也[2]；萬乘之主[3]，千乘之君，不能與之爭士也。自此觀之，尊貴富大不足以來士矣[4]，必自知之然後可[5]。

注釋

1 千乘：諸侯。
2 孔、墨：指孔子、墨翟。
3 萬乘：指天子。
4 來：通作「徠」，使動用法，猶致也。
5 可：可致也。

譯文

商湯、周武王作為擁有兵車千乘的諸侯，士都歸附他們。夏桀、殷紂是天子，然而士都離棄他們。孔子、墨子是身穿布衣的庶人，然而擁有兵車萬輛、千輛的君主卻無法與他們爭士。由此看來，尊貴富有不足以招徠士，君主一定要親自了解士，然後才行。

豫讓之友謂豫讓曰：「子之行何其惑也？子嘗事范氏、中行氏，諸侯盡滅之，而子不為報，至於智氏，而子必為之報，何故？」豫讓曰：「我將告子其故[1]。范氏、中行氏，我寒而不我衣[2]，我饑而不我食，而時使我與千人共其養，是眾人畜我也。夫眾人畜我者，我亦眾人事之。至於智氏則不然，出則乘我以車，入則足我以養，眾人廣朝，而必加禮於吾所，是國士畜我也。夫國士畜我者，我亦國士事之。」豫讓，國士也，而猶以人之於己也為念，又況於中人乎？

注釋

1 告：語也。

2 不我衣：意思是「不給……衣服穿」。

譯文

豫讓的朋友對豫讓說：「你的行為怎麼那麼讓人不解啊？你曾經侍奉范氏、中行氏，諸侯把他們都滅掉了，而你並沒有替他們報仇；至於智氏，他被滅之後你卻矢志替他報仇；這是甚麼緣故呢？」豫讓說：「讓我告訴你其中的緣故。范氏、中行氏，在我寒冷時不給我衣穿，在我飢餓時不給我吃，並時常讓我跟上千的門客一起接受相同的待遇，這是像養活眾人一樣地養活我。凡以對待眾人的態度對待我，我也像眾人一樣地回報他。至於智氏就不同了，我出門時給我車乘，我在家時給我充足衣食，在大庭廣眾之前，一定給我特殊尊敬的禮遇，這是像奉養國士那樣地奉養我，凡像對待國士那樣對待我的，我也像國士那樣地報答他。」豫讓是國士，尚且還念念不忘別人待他的態度，更何況是一般人呢？

賞析與點評

《呂氏春秋》的「貴生說」強調生命重於外物，〈不侵〉篇卻歌頌義士「以身為人」，顯然認為報恩較自身生命重要，此段所舉豫讓為求報答智伯的知遇之恩，不惜捐棄生命為智伯報仇，呂書卻未有加以詆訕，可見貴生思想僅就帝王立說，而與義士無關。

孝行覽

孝行

本篇導讀——

本篇主要闡述孝道為治國之本，文章提及養體五道，具體論述養體的方法，因予選錄相關章節，以與呂書養生言説互參。

曾子曰：「父母生之，子弗敢殺。父母置之，子弗敢廢。父母全之，子弗敢闕[1]。故舟而不游[2]，道而不徑[3]，能全支體，以守宗廟，可謂孝矣。」

注釋

1 闕：猶毀也。

2 舟而不游：渡水的時候坐船而不游涉。

3 道而不徑：走路時走大路而不走小路。與上句的意思是：渡水坐船不游泳，走路時不走小徑，是為了避免沒溺遇險之害，旨在保全身體，彰顯孝義。

譯文

曾子說：「父母生養了自身，兒子不敢毀傷；父母養育了自身，兒子不敢廢棄；父母保護了自身，兒子不敢毀壞。所以兒子渡河時要坐船而不可游涉，走路時要走大路而不走小徑。能夠保全軀體，以便守衛宗廟，這可算是孝順了。」

養有五道：修宮室，安床笫[1]，節飲食，養體之道也。樹五色[2]，施五采，列文章[3]，養目之道也。正六律[4]，龢五聲[5]，雜八音[6]，養耳之道也。熟五穀，烹六畜[7]，龢煎調，養口之道也。龢顏色，說言語[8]，敬進退，養志之道也。此五者，代進而序用之[9]，可謂善養矣。

注釋

1 床第（粵：姊；普：zǐ）：床鋪。

2 五色：指青、黃、赤、白、黑。

3 文章：青與赤謂之文，赤與白謂之章。

4 六律：指黃鐘、夷則、太簇、姑洗、蕤賓、無射，相當於今天所言的絕對音高。

5 龢（粵：和；普：hé）：調和。

6 八音：八種不同樂器所奏出的音樂。《白虎通·禮樂》引《樂記》曰：「土曰塤，竹曰管，皮曰鼓，匏曰笙，絲曰絃，石曰磬，金曰鐘，木曰柷敔（古代一種敲擊樂器）。此謂八音也。」

7 六畜：指馬、牛、羊、雞、狗、豬。

8 說：同「悦」。

9 序：次第的意思。

譯文

養護身體有五種方法：整修房屋，安置床墊，節制飲食，這是護養身體的方法；設置各種色彩，區分五彩六色，鋪列不同顏色使之並置齊觀，這是護養眼睛的方法；校定六律，調和五聲，會合八音，這是護養耳朵的方法；培植五穀而使它成熟，烹飪六畜，調和味道，這是護養口部的方法；顏色和悅，言語歡欣，舉止恭敬，這是護養心志的方法。這五種方法，依次更替而全力實踐，就可以稱得上是善於養身了。

賞析與點評

這段提出的養體方法，至今仍然備受重視，且與現代醫學理論相合，諸如養耳之道，呂書主張多聽不同樂器所演奏的音樂。根據當代美國國際長壽研究中心的研究成果，人類感知能力漸差時，可以通過不同樂器訓練耳朵。琴聲委婉，我們能聽見這些動人的聲音，都要歸功於耳內的細小毛細胞。然而，隨着年紀增長和受到噪音刺激，這些細胞逐漸失去了生機。此時，就需要細聽不同類型、不同樂器演奏以及音量高低各異的音樂，訓練耳朵辨別不同的聲音。由此可見，呂書所言養生之道，絕非空談。

首時

本篇導讀——

「首時」，意謂舉大事求望成功，首要條件在於時機的出現，這就是呂書「時機論」的首層理論。本篇說明成就功名必須有時機之助，時機未到，即使是聖人賢士也束手無策，只能耐心等待，文章強調「事之難易，不在小大，務在知時。」

聖人之於事，似緩而急、似遲而速以待時。王季歷困而死[1]，文王苦之，有不忘羑里之醜[2]，時未可也[3]。武王事之，夙夜不懈，亦不忘王門之辱[4]，立十二年，而成甲子之事[5]。時固不易得。太公望[6]，東夷之士也，欲定一世而無其主[7]，聞文王賢，故釣於渭以觀之[8]。

注釋

1 王季歷：文王之父，勤勞國事，以至薨沒，故文王哀思苦痛。

2 有：王念孫云：讀為「又」。羑（粵：有；普：yǒu）里之醜：指文王被紂拘於羑里一事。

3 時：時機。

4 王門：《淮南子・道應》曰：「文王歸，乃為玉門。」畢沅云：「王門」即「玉門」。

5 甲子之事：甲子之日武王剋紂於牧野，故曰「成甲子之事」。

6 太公望：河內人也。東夷：豐、鎬在東面，故曰東夷之士。

7 主：指賢君。

8 渭：水名，近豐、鎬，文王所邑。

譯文

聖人為事，好像遲緩而無所作為，實際上卻是迅速而有所作為的，看似無所作為而確有所為，只是因為要等待時機。周王季歷操持國事，辛勞而死，周文王忍辱含屈，又不忘身拘羑里的恥辱，他當時沒有討伐紂王，只是由於報仇的時機尚未成熟。武王臣事商紂，從早到晚操勞國事，不敢鬆懈，卻也不曾忘記父親文王在玉門受到紂斥罵的恥辱。武王繼位十二年後，終於在甲子那天於牧野大敗紂王，紂王死，商朝亡。時機本來就不易得到。太公呂望是東海邊的賢士，他有志於安定天下，可是沒有遇上賢明的君主。他聽説周文王賢明，於是便到渭水之濱垂釣，以觀察時勢的變化。

伍子胥欲見吳王而不得[1]。客有言之於王子光者[2]，見之而惡其貌，不聽其說而辭之[3]。請之王子光，王子光曰：「其貌適吾所甚惡也。」客以聞伍子胥[4]，伍子胥曰：「此易故也[5]。願令王子居於堂上，重帷而見其衣若手，請因說之。」王子許。伍子胥說之半，王子光舉帷，搏其手而與之坐。說畢，王子光大說。伍子胥以為有吳國者必王子光也，退而耕于野七年。王子光代吳王僚為王，任子胥。

子胥乃修法制，下賢良，選練士，習戰鬬；六年，然後大勝楚于柏舉[6]，九戰九勝，追北千里[7]，昭王出奔隨，遂有郢[8]，親射王宮[9]，鞭荊平之墳三百[10]。鄉之耕[11]，非忘其父之讎也[12]，待時也。

注釋

1 吳王：吳王僚。

2 王子光：即後來的吳王闔閭。

3 辭：辭謝。

4 聞：一本作「告」。

5 故：事。

6 柏舉：楚南鄙邑。

7 追：一本作「逐」。北：走。

8 郢（粵：影；普：yǐng）：楚都。

9 射王宮：指伍子胥親自射楚宮一事。

10 荊平：楚平王，楚恭王之子，名棄疾，後改名熊居，聽費無忌之讒，殺伍子胥父兄，故伍子胥射其宮，鞭其墳。

11 鄉：與「向」相通，表示先前的意思。

12 讎（粵：仇；普：chóu）：與「仇」相通。

譯文

伍子胥想求見吳王僚，卻不能見到他。吳公子光的門客中有人將伍子胥的情況相告，公子光因此召見伍子胥，見面時卻討厭他的相貌，於是沒有接受他的建議，就辭絕了他。門客問公子光為何這樣，公子光說：「他的樣貌恰正是我特別討厭的。」門客把這話告訴了伍子胥，伍子胥說：「這事好辦。請讓公子坐在堂上，我就在重重帷幕之後，（公子不能見到我的容貌，）我只露出衣服和手來，希望能夠通過這種辦法和他交談。」公子光答應了。伍子胥談到一半，公子光已按捺不住，揭起帷幕，握着伍子胥的手，然後和他一起坐下。伍子胥把話說完了，公子光非常高興。伍子胥認為將來統治吳國的必定是公子光，於是辭官回鄉耕田。過了七年，公子光果然取代吳王僚成為吳國君王。他即任用伍子胥，伍子胥於是修整法制，禮待賢能之士，選練士卒，演習兵戰。六年後，吳國在柏舉大敗楚國，吳軍九戰九勝，更追擊楚國的敗軍於千里之遠。楚昭王逃亡到隨，吳軍於是攻佔郢都。伍子胥親自用箭射楚王宮，鞭打楚平王的墳墓三百次，以報父兄之仇。伍子胥先前退隱耕作，並不是忘記其父兄被殺的深仇，只是在等待一個適當的時機。

墨者有田鳩欲見秦惠王[1]，留秦三年而弗得見。客有言之於楚王者，往見楚王，楚王說之，與將軍之節以如秦[2]，至，因見惠王。告人曰：「之秦之道[3]，乃之楚乎[4]？」物固有近之而遠、遠之而近者[5]。時亦然。有湯、武之賢而無桀、紂之時，不成；有桀、紂之時而無湯、武之賢亦不成。聖人之見時，若步之與影不可離。

注釋

1 田鳩：齊人，學墨子術。秦惠王：秦孝公之子駟。

2 如：之。

3 之：前往。

4 乃：竟然。

5 物：物字原脱，據《藝文類聚》卷六十八引文補正。全句意謂田鳩留秦三年不得見秦惠王，是「近之而遠」。及後離開秦國到楚國，再從楚來秦，至秦而得見秦惠王，故曰「遠之而近」。

譯文

墨家學派中有一個人叫田鳩，想謁見秦惠王，他在秦國呆等了三年都未獲引見。有人向楚王推薦他，於是他就前去見楚王。楚王非常高興，賜他將軍的符節，讓他擔任楚國使節，出使秦國。到了秦國，得見秦惠王。田鳩對人說：「原來到秦國求見惠王，方法竟是先到楚國去啊！」事物本來就有走得近的被疏遠、走得遠的反能更接近的情況，時機也是如此。縱使有商湯、武王的賢德，若沒有當時桀紂的暴虐無道，商湯、武王就不能成就王業；有當時桀紂的暴虐無道，而沒有商湯、武王那樣的賢德，也不能成就王業。聖人在時機來到的時候出現，就像腳步和身影那樣緊密相隨。

故有道之士未遇時，隱匿分竄，勤以待時。時至，有從布衣而為天子者[1]，有從千乘而得天下者[2]，有從卑賤而佐三王者[3]，有從匹夫而報萬乘者[4]，故聖人之所貴，唯時也。水凍方固后稷不種，后稷之種必待春，故人雖智而不遇時，無功。

方葉之茂美，終日采之而不知，秋霜既下，眾林皆羸[5]。事之難易，不在小大，務在知時。

注釋

1 從布衣而為天子者：例如舜帝。

2 從千乘而得天下者：例如商湯、周武王。

3 從卑賤而佐三王者：例如太公望、伊尹、傅說。

4 從匹夫而報萬乘者：例如豫讓。

5 羸（粵：雷；普：léi）：弱也，此文指樹葉散落殆盡。

譯文

所以，有道之士沒有遇到時機的時候，就只好隱匿藏身，在勤勞中靜待時機的來臨。當時機出現，有的從平民百姓而成為天子，有的從諸侯而得到天下，有的從卑賤躍升為臂助夏禹、商湯、周文王的重臣，有的從匹夫而有能力向大國君主報仇。因此，聖人所看重的，只是時機。水凍凝結，后稷不在此時播種，后稷播種一定要等到春天到來以後。因此，人即使有智慧，但沒有遇上時機，也不會成功。正當枝葉繁茂時，人們即使整天採摘它，也不能把它採光；秋天白霜飄灑，樹葉凋零散落。做事的難易，關鍵不在於它的大小，而是在於掌握時機。

鄭子陽之難[1]，猘狗潰之[2]；齊高國之難[3]，失牛潰之[4]；眾因之以殺子陽、高國。當其時，狗牛猶可以為人唱[5]，而況乎以人為唱乎？

注釋

1 子陽：鄭相，或曰鄭君。

2 猘（粵：制；普：zhì）狗：楊樹達謂「猘」讀為「狾」，猶今言瘋狗。潰：亂也。子陽好行嚴猛，人家有猘狗者誅之，人民畏誅，皆逐猘狗，並乘機作亂。鄭子陽死於人民作難之時，這與其好行嚴猛之政相關。

3 高國：指齊國的貴族高氏和國氏。

4 失：楊樹達云：「失」讀為「逸」。「失牛」，即指逃逸的牛，國人在追逐牛群時乘機作亂。

5 唱：與「倡」相通，即提倡、倡導的意思。

譯文

鄭國的子陽遇難，就是發生在人們追逐瘋狗的混亂時候；齊國高氏、國氏遇難，也正好是發生在人們追趕逃逸的牛時。眾人乘着混亂，趁機殺了子陽、高氏和國氏。當時，狗、牛尚且能夠作為人們發難的先導，更何況是以人為先導的時候呢？

飢馬盈廄[1]，嗼然[2]，未見芻也；飢狗盈窖[3]，嗼然，未見骨也；見骨與芻，動不可禁[4]。亂世之民，嗼然，未見賢者也，見賢人則往不可止[5]。往者非其形，心之謂乎。齊以東帝困於天下而魯取徐州[6]，邯鄲以壽陵困於萬民而衛取繭氏[7]。以魯、衛之細而皆得志於大國，遇其時也。故賢主秀士之欲憂黔首者[8]，亂世當之矣。天不再與，時不久留，能不兩工[9]，事在當時。

注釋

1 廄：馬廄。飼馬的地方。

2 嗼然：無聲。

3 窖：狗洞。

4 **動**：猶爭也。

5 **往**：意思是歸附。

6 **東帝困於天下而魯取徐州**：齊湣王僭號於東，百姓不歸順於他，於是困於天下，因此魯國藉機取其徐州之地。

7 **壽陵**：魏邑，趙兼有此地，但是萬民不從，於是衞人藉機取其繭氏之邑。

8 **秀士**：才德兼優之士。**黔首**：指老百姓。

9 **工**：工巧。

譯文

飢餓的馬匹充滿了馬廄，默然不作聲，是因為牠們沒有見到草料；飢餓的狗充滿了狗洞，默然不作聲，是因為牠們沒有看到骨頭。一看到骨頭和草料，牠們就會爭相搶奪而不能制止。亂世中的人民，沉默無聲，這是因他們還沒有遇見賢人；一旦遇見了賢人，就會紛紛歸附，勢不可擋。他們歸附賢人，難道不是全心地歸附嗎？齊國因為僭稱東帝而被天下諸侯討伐，大敗而困窘之際，湣王亡命在外，魯國便乘機攻取了齊國的徐州之地；趙國因修築寢陵而勞役人民，使民心背向，結果被衛國趁機奪取了繭氏之邑。以魯、衛這樣的小國，卻能得志於齊、趙大國，只是因為它們遇上了恰當的時機。所以，想為天下萬民憂慮的賢德君主和賢能之士，遇上當今亂世，正是合適的時機。上天不會給人兩次相同的機會，時機也不會長期駐守等候，人的技能不會在兩方面都能夠精巧，成就大事的關鍵只在於巧遇時機。

賞析與點評

本篇暢論「時機」，篇末云：「天不再與，時不久留。」令人想到西方諺語有兩句意義幾近相同的話："Opportunities do not knock twice." 和 "Opportunities do not wait." 可見東西文化對時機的理念其實很接近。

義賞

本篇導讀——

本篇發揮了法家治國的思想，認為「賞罰」至關重要，是人君治國的重要工具。篇中云：「賞罰之柄，此上之所以使也。」可見本文作者認為賞罰乃是君主役使臣民的不二法門，務必謹慎。

春氣至則草木產，秋氣至則草木落，產與落或使之，非自然也。故使之者至，物無不為；使之者不至，物無可為。古之人審其所以使，故物莫不為用。

譯文

春氣來了草木便會生長，秋氣來了草木便會凋零。草木生長與凋零，定必受到節氣支配，並非草木自然而然的。所以那種足以支配的力量出現了，萬物沒有不隨之變化的；支配的力量沒有出現，萬物就沒有發生變化的推動力。古人能夠審察促成萬物變化的支配者，因此萬物沒有不為他們所利用的。

賞罰之柄，此上之所以使也。其所以加者義，則忠信親愛之道彰。久彰而愈長，民之安之若性，此之謂教成。教成則雖有厚賞嚴威弗能禁。故善教者，不以賞罰而教成，教成而賞罰弗能禁[1]。用賞罰不當亦然。姦偽賊亂貪戾之道興[2]，久興而不息，民之讎之若性[3]，戎、夷、胡、貉、巴、越之民是以，雖有厚賞嚴罰弗能禁。郢人之以兩版垣也[4]，吳起變之而見惡[5]，賞罰易而民安樂；氐羌之民，其虜也，不憂其係纍[6]，而憂其死不焚也[7]；皆成乎邪也。故賞罰之所加，不可不慎。且成而賊民。

注釋

1 弗能禁：意思是不能夠禁止人們按忠信原則做事。

2 興：作也。

3 讎：用也，引申為追隨之意。

4 兩版垣：楚人以兩版築垣。

5 吳起：衞人也，楚將。吳起改變楚人兩版築垣的傳統，教楚人用四版，楚人因而抱怨。

6 係纍（粵：雷；普：léi）：被捆綁。

7 焚：燒。氐羌習俗，將先人火化。

譯文

賞罰的權力，是由君主掌握使用的。施行賞罰符合道義，那麼忠誠守信、相親相愛的原則就能得到彰顯。這些原則得以長久彰顯並且日益增強，人們就仿似與生俱來的信守着它們，這就叫做教化成功。教化成功了，那麼即使有厚賞和重罰都不能禁止人們實踐忠信。所以善於教化的人，根據道義來施加賞罰，教化就能夠成功。教化成功了，那麼即使有厚賞和重罰都不能禁止人們實行忠信。施行賞罰不適當也是如此。賞罰不合道義，奸詐、虛偽、賊亂、貪暴的風俗就會興起，這種風俗長期興起而且不能止息，人們就仿似與生俱來地追隨着這些風習。戎、夷、胡、貉、巴、越等族的人便是這樣，即使有重賞嚴刑也不能禁止他們為非作歹。郢人用兩塊夾板築牆，吳起改用四塊夾板築牆，因而遭受楚人怨恨；氐族、羌族的人，他們劫掠中原被俘虜之後，不擔心被捆綁受刑，卻憂慮死後屍體不被焚燒火化。這些都是由於他們已經養成了邪行惡習，邪行惡習形成了，就會對民眾產生危害。用賞罰改變這種情況，人民就會感到安樂。所以施行賞罰，不可不謹慎。

昔晉文公將與楚人戰於城濮[1]，召咎犯而問曰：「楚眾我寡，奈何而可？」咎犯對曰：「臣聞繁禮之君，不足於文[2]；繁戰之君，不足於詐。君亦詐之而已。」文公以咎犯言告雍季，雍季曰：「竭澤而漁，豈不獲得[3]？而明年無魚。焚藪而田[4]，豈不獲得[5]？而明年無獸[6]。詐偽之道，雖今偷可，後將無復，非長術也。」文公

用咎犯之言，而敗楚人於城濮。反而為賞，雍季在上。左右諫曰：「城濮之功，咎犯之謀也。君用其言而賞後其身，或者不可乎！」文公曰：「雍季之言，百世之利也。咎犯之言，一時之務也。焉有以一時之務先百世之利者乎？」孔子聞之曰：「臨難用詐，足以卻敵。反而尊賢，足以報德。文公雖不終始，足以霸矣。」賞重則民移之，民移之則成焉[7]。成乎詐，其成毀，其勝敗。天下勝者眾矣，而霸者乃五，文公處其一，知勝之所成也。勝而不知勝之所成，與無勝同。秦勝於戎而敗乎殽，楚勝於諸夏而敗乎柏舉。武王得之矣，故一勝而王天下[8]。眾詐盈國，不可以為安，患非獨外也。

注釋

1 城濮（粵：卜；普：pú）：楚北境之地名。

2 文：指禮樂盛大。

3 獲得：一本作「得魚」。

4 藪（粵：手；普：sŏu）：田野，澤地。田：田獵。

5 獲得：一本作「得獸」。

6 無獸：意思是滅絕其類。

7 移：猶歸。

8 一勝：指牧野之戰，武王打敗紂王。

譯文

從前，晉文公要跟楚國人在城濮交戰，召來咎犯問道：「楚軍人數多，我軍人數少，怎樣做才能取勝？」咎犯回答說：「我聽說禮儀繁瑣的君主，不會嫌惡盛大的禮節；用兵頻繁的君主，不會嫌惡詭詐之術。你只須對楚國使用詐術就行了。」文公把咎犯的話告訴了雍季，雍季說：「把池塘的水放乾來捕魚，怎會捕不到魚？可是第二年就沒有魚可捕了；火燒叢林來獵獸，怎會捕不到野獸？可是第二年就沒有野獸可捕了。詐騙的把戲，雖說現在可以奏效一時，然而以後都不能再有效了，這不是長久的辦法。」晉文公採納了咎犯的建議，在城濮打敗了楚兵。班師回國論功行賞，讓雍季居首位。文公身邊的人勸諫說：「城濮之戰大勝，是由於採用了咎犯的計謀。你採納了他的意見，可是行賞時卻把他排在後，似乎不太合適吧！」文公說：「雍季所說的乃是對百世皆為有利的大計，咎犯說的只顧及一時。哪有置權宜之計於百世之計前的道理呢？」孔子聽到這件事後說：「遇到危難採用詐術，足以擊敗敵人；回國以後卻尊崇賢人，足以酬報恩德。文公雖然沒有堅持到底，但已足夠成就霸業了。」賞賜厚重人民就會改變行為，人民改變行為就能成功。依靠詐術求成，即使成功了，最終也必會失敗；即便勝利了，最終也必定敗亡。普天之下取勝一時的人很多，可是能成就霸業的不過五人。晉文公作為其中之一，知道取勝之道。取得了勝利卻不明白勝利是如何取得的，那就跟沒有得勝一樣。秦國戰勝了西戎，但卻在殽地敗給晉國，楚國戰勝了中原的晉國，但卻在柏舉被吳國打敗。周武王懂得這個道理，所以就能一舉打敗殷紂而稱王於天下了。各種詐術充斥於國家，國家就不能安定，禍患不只是來自國外的。

賞析與點評

本篇提出賞罰之道，其中記述雍季之言曰：「竭澤而漁，豈不獲得？而明年無魚。焚藪而田，豈不獲得？而明年無獸。」表明捕魚之法，不能全數捕殺，否則漁產無以為繼。現代社會亦有相近思想，中國政府於一九九九年夏季開始，於南中國海推行休漁期政策，禁止漁船於每年五月十六日至八月一日期間捕魚作業，俾魚類得以持續繁殖，漁業長久發展。這些政策的背後精神，其實正與雍季所言相合。《呂氏春秋》記錄古人睿智之言眾多，細心閱讀，定能有所啟發。

趙襄子出圍[1]，賞有功者五人，高赦為首。張孟談曰：「晉陽之中[2]，赦無大功，賞而為首何也？」襄子曰：「寡人之國危，社稷殆，身在憂約之中[3]，與寡人交而不失君臣之禮者惟赦，吾是以先之。」仲尼聞之曰：「襄子可謂善賞矣。賞一人而天下之為人臣莫敢失禮。」為六軍則不可易[4]。北取代，東迫齊。令張孟談踰城潛行，與魏桓、韓康期而擊智伯，斷其頭以為觴[5]，遂定三家[6]，豈非用賞罰當耶[7]？

注釋

1 趙襄子出圍：指智伯與韓魏兩家圍趙襄子於晉陽，趙襄子與韓魏兩家暗中聯繫而出圍，滅掉智氏一事。

2 中：據《韓非子・難一》互見文獻，「中」應作「事」。

3 憂約：憂困。

4 六軍：本指周時制度天子設有六軍，這裏指軍隊。易：輕慢。

5 觴（粵：雙；普：shāng）：酒器。

6 三家：指韓、魏、趙。

7 當：正也。

譯文

趙襄子從晉陽的圍困中解脫出來，獎賞五個有功的人，高赦居首。張孟談說：「晉陽之事，高赦沒有立下大功，賞賜時卻讓他居於首位，這是甚麼原因呢？」襄子說：「我的國家社稷危急動盪，身陷困境之中，跟我交往而不失君臣之禮的，只有高赦一人。我因此把他放在第一位。」孔子聽到這件事後說：「襄子可以說是善於行賞了。賞賜了一個人，那麼天下間的臣子就沒有再敢失君臣之禮了。」趙襄子用這種辦法治理軍隊，軍隊就不敢輕慢無禮。他向北滅掉代國，向東威逼齊國，命張孟談越過城牆，秘密地跟魏桓子、韓康子約定日期共同攻打智伯，取勝後砍下智伯的頭顱作為酒器，終於奠定了三家分晉的局面，難道這不是施行賞罰得當的結果嗎？

長攻

本篇導讀——

本篇起首即言遇合，強調了兩重機遇同時出現，對成就功業至關重要。文中說：「桀、紂雖不肖，其亡，遇湯、武也；遇湯、武，天也，非桀、紂之不肖也。」由此可見，湯、武賢德乃一重機遇，得遇無道之桀、紂，方為兩重機遇；兩重機遇同時出現，相互配合，方能成就湯、武之功與桀、紂之亡，「各一則不設」，是遇合理論的進一步闡述。

六凡治亂存亡，安危彊弱，必有其遇[1]，然後可成，各一則不設[2]。故桀、紂雖不肖，其亡，遇湯、武也；遇湯、武，天也，非桀、紂之不肖也；湯、武雖賢，其王遇桀、紂也，遇桀、紂，天也，非湯、武之賢也。若桀、紂不遇湯、武，未必亡也；桀、紂不亡，雖不肖，辱未至於此。若使湯、武不遇桀、紂，未必王也；湯、武不王，雖賢，顯未至於此。故人主有大功，不聞不肖，亡國之主不聞賢。譬之若良農，辯土地之宜，謹耕耨之事[3]，未必收也；然而收者，必此人也。始在於遇時雨，遇時雨，天也[4]，非良農所能為也。

注釋

1 遇：即遇合的意思。
2 各一則不設：強調兩重機遇相互配合，然後可成，單一機遇則無從成功。
3 耨（粵：nau⁶；普：nòu）：鋤草的農具，這裏指除草。
4 天：「天」下原有「地」字，據畢沅校本刪。

譯文

大凡治亂、存亡、安危、強弱，一定要遇上時機，然後才能成就功名，單一機遇則無從實踐功業。所以，桀、紂即使不賢，但他們之所以滅亡，是因為遇上了賢明的商湯和武王，遇上商湯、武王，是天意，並非因為桀、紂的不賢；商湯、武王即使賢能，但他們之所以能夠成就王業，是由於遇上了不肖的桀、紂，遇上桀、紂，是天意，並不是因為湯、武的賢德。如果桀、紂沒有遇上湯、武，就未必會滅亡；桀、紂不滅亡，就算他們不賢德，也不至於蒙受身死亡國的恥辱。假如湯、武沒有遇上桀、紂，也未必能夠成就王業；湯、武沒有成就王業，他們即使賢德，榮顯也不至於稱王天下的境地。所以，君主建立了偉大的功績，就聽不到他有甚麼不好的；亡國的君主，就聽不到他有甚麼善行了。就好比優秀的好農夫，他善於區分適合種植不同農作物的土地，辛勤地耕作除草，卻未必能夠保證有所收穫；然而能夠有所收穫的，必定是這個勤勞的好農夫。收穫的關鍵在於是否遇到時雨，遇上時雨，是天意，而不是好農夫能力所能做到的。

慎人

本篇導讀——

本篇強調了人事努力的重要，文章開篇即云：「功名大立，天也；為是故，因不慎其人不可。」文章記述孔子厄於陳蔡之間，依舊努力修道，從而推論「得道者，窮亦樂，達亦樂。所樂非窮達也，道得於此，則窮達一也。」與近世出土郭店楚簡《窮達以時》多有相合。

功名大立，天也；為是故，因不慎其人不可。夫舜遇堯，天也；舜耕於歷山[1]，陶於河濱[2]，釣於雷澤[3]，天下說之，秀士從之，人也。夫禹遇舜，天也；禹周於天下，以求賢者，事利黔首[4]，水潦川澤之湛滯壅塞可通者，禹盡為之，人也。夫湯遇桀，武遇紂，天也；湯武修身積善為義，以憂苦於民，人也。

注釋

1 歷山：山名，在今山東省歷城以南，又名舜耕山或千佛山。

2 陶：製作陶器。

3 釣：一本作「漁」。

4 黔首：人民。

譯文

能成就顯赫的功名，要依靠天意。因為這個緣故，我們更應該慎重地對待人事。舜遇到堯那樣的明君，是天意。舜在歷山耕田，在黃河邊製作陶器，在雷澤釣魚，天下人都喜歡他，傑出之士都跟隨他，這是人為努力的結果。禹遇到舜那樣的明君，是天意。禹周遊天下，訪求賢能之士，做對百姓有利的事。那些淤塞的河流、大澤，只要可以疏浚的，禹都全部加以疏通了，這就是人為的努力。湯遇上桀那樣的暴君，武王遇上紂那樣的暴君，是天意。商湯、武王修養自身的品德，積善行義，為百姓憂慮勞苦，這也是人為的努力。

舜之耕漁，其賢不肖與為天子同。其未遇時也，以其徒屬，掘地財[1]，取水利[2]，編蒲葦，結罘網[3]，手足胼胝不居[4]，然後免於凍餒之患。其遇時也，登為天子，賢士歸之，萬民譽之，丈夫女子，振振殷殷[5]，無不戴說。舜自為詩曰：「普天之下，莫非王土，率土之濱，莫非王臣。」所以見盡有之也[6]。盡有之，賢非加也；盡無之，賢非損也；時使然也。

注釋

1 地財：指地上長出來的穀物。

2 水利：指魚鼈。

3 罘：一本作「罟」，捕獸的網。

4 胼胝（粵：駢支；普：pián zhī）：手腳因操勞長出硬皮，又稱「趼子」、「老繭」。

居：止，休息。

5 振振殷殷：十分喜悅的樣子。

6 見：表現。

譯文

舜種田捕魚的時候，他的賢與不肖和作為天子時是相同的。尚未遇到時機的時候，他就帶領下屬耕種五穀，捕捉魚鼈，編織蒲葦，織製魚網，即使手和腳都磨出趼子都不肯休息，這才免於凍餓之苦。他在遇到時機時，登上天子之位，賢德之士全都歸附他，人民都讚譽他，男男女女都非常高興，沒有不擁戴他的。舜親自作詩道：「普天之下盡然歸順，無處不是王的土地；四海之內全然歸附，無人不是王的臣民。」展現自己全然盡得天下的情況。全然盡得天下，舜的賢德其實並無增加；未有寸土之地，他的賢德也不因此而減損。這是時機的有無所使然的。

百里奚之未遇時也[1]，亡虢而虜晉[2]，飯牛於秦，傳鬻以五羊之皮[3]。公孫枝得而說之，獻諸繆公[4]，三日，請屬事焉[5]。繆公曰：「買之五羊之皮而屬事焉，無

乃為天下笑乎[6]？」公孫枝對曰：「信賢而任之，君之明也；讓賢而下之[7]，臣之忠也；君為明君，臣為忠臣。彼信賢[8]，境內將服，敵國且畏，夫誰暇笑哉[9]？」繆公遂用之。謀無不當，舉必有功，非加賢也。使百里奚雖賢，無得繆公，必無此名矣。今焉知世之無百里奚哉？故人主之欲求士者，不可不務博也。

注釋

1 百里奚：虞臣。
2 虢（粵：隙；普：guó）：高誘認為正文「虢」當為「虞」。這裏的「亡虢」應有誤。
3 傳鬻（粵：育；普：yù）：轉售。
4 繆公：即秦穆公。
5 請屬事：請求秦穆公將大夫的職事託付百里奚。
6 為：「為」字原脱，據《太平御覽》卷四〇二引文補正。
7 下之：意思是居於賢人之下。
8 彼信賢：一本作「彼為信賢」。
9 笑：一本作「我笑」。

譯文

百里奚沒有遇到時機的時候，從虞國逃亡，被晉國俘虜，後來在秦國餵牛，以五張羊皮的價錢被人轉賣。公孫枝得到百里奚之後很喜歡他，把他推薦給秦穆公，過了三天，便請求穆公任用百里奚治理國家。穆公說：「用五張羊皮買他回來，卻委任他來管治天下，豈不成為天下人的笑柄嗎！」公孫枝回答說：「信任賢人而任用他，這是君主的英明；主動讓位給賢人而甘願居於其下，這是臣子的忠誠。君主賢明，臣子忠誠。他如果真的賢能，國內的人民都將歸順，敵國也將畏懼，誰還有閒暇去恥笑呢？」穆公於是任用百里奚。他出謀獻策無不得當，舉事必有功績，這並不是由於百里奚的賢德增加了。百里奚即使賢德，如果得不到穆公重用，也一定沒有這樣的功名。當今之世，怎麼知道沒有百里奚這樣的人呢？所以君主欲求賢士，不可不廣泛尋訪。

孔子窮於陳、蔡之間[1]，七日不嘗食[2]，藜羹不糝[3]。宰予備矣[4]，孔子弦歌於室，顏回擇菜於外[5]。子路與子貢相與而言曰[6]：「夫子逐於魯，削跡於衛[7]，伐樹於宋[8]，窮於陳、蔡，殺夫子者無罪，藉夫子者不禁[9]，夫子弦歌鼓舞，未嘗絕音，蓋君子之無所醜也若此乎[10]？」顏回無以對，入以告孔子。孔子慨然推琴[11]，喟然而歎曰：「由與賜，小人也。召，吾語之。」子路與子貢入。子貢曰：「如此者可謂窮矣。」孔子曰：「是何言也？君子達於道之謂達，窮於道之謂窮。今丘也拘仁義之道[12]，以遭亂世之患，其所也[13]，何窮之謂？故內省而不疚於道[14]，臨難而不失其德。大寒既至，霜雪既降，吾是以知松柏之茂也[15]。昔桓公得之莒，文公得之曹，越王得之會稽。陳、蔡之阨，於丘其幸乎！」孔子烈然返瑟而弦歌[16]，子路抗然執干而舞[17]。子貢曰：「吾不知天之高也，不知地之下也[18]。」古之得道者，窮亦樂，達亦樂。所樂非窮達也，道得於此，則窮達一也，為寒暑風雨之序矣。故許由虞乎潁陽[19]，而共伯得乎共首[20]。

注釋

1 窮：即困窘的意思。

2 嘗：《莊子・讓王》互見文獻作「火」。

3 藜（粵：黎；普：lí）羹：用藜菜做的羹，指粗劣的食物。糝（粵：審；普：sǎn）：以米和羹。

4 備：作「憊」，極，非常。

5 顏回：孔子的學生。

6 子路、子貢：孔子的學生。

7 削跡：隱居。

8 伐樹於宋：按《史記・孔子世家》：「孔子去曹適宋，與弟子習禮大樹下。宋司馬桓魋欲殺孔子，拔其樹」。

9 藉：猶辱也。

10 醜：《莊子・讓王》作「恥」。

11 慽（粵：促；普：cù）然：不高興的樣子。

12 拘：《莊子・讓王》作「抱」。

13 所：處所，適得其所之意。

14 疚：《莊子・讓王》作「窮」。

15 松柏之茂：《論語》曰：「歲寒，然後知松柏之後凋。」

16 列然：《莊子・讓王》作「削然」。歌：「歌」字原脫，據《莊子・讓王》互見文獻補正。返：更也，謂更取瑟而弦歌。

17 抗：《莊子・讓王》作「扢」。干：盾，舞具。

18 天之高、地之下：高、下比喻廣大。意思是不能知孔子聖德如天地那樣廣大。

19 虞：快樂。潁陽：潁水之北曰陽。

20 共伯：高誘云：「共：國；伯：爵也。棄其國，隱於共首山而得其志也。不知出何書也。」

譯文

孔子被困於陳國、蔡國之間，七天沒有進食，煮的野菜裏連一粒米也沒有。宰予餓壞了，孔子在屋裏用瑟彈奏歌唱，顏回在外面採摘野菜。子路跟子貢一同說道：「老師被逐出魯國，在衞國隱居不被重用，在宋國大樹下習禮，又被人伐樹加害，如今在陳、蔡間被困。想殺老師的人沒有受到懲罰，凌辱老師的人也不受禁止，而老師的歌聲卻從未中止。君子真是這樣不會感到羞恥嗎？」顏回無言以對，進屋把這些話告訴孔子。孔子很不高興地推開了瑟，慨嘆地說：「仲由和端木賜真是小人啊！叫他們來吧，我告訴他們。」子路和子貢進來，子貢說：「像現在這種情況，我們可以說是身陷困窘了。」孔子說：「這是甚麼話？君子於處世的大道理上通達才稱得上通達，於道理上困窮才叫困窮。如今我堅守仁義之道，因而遭受亂世的禍患，這正是我應該得到的境遇，怎能叫做困窮呢？所以，自我反省，面對處世的大道理而不感到愧疚；面臨災難而不失自己的品德，嚴冬到來，霜雪飄降，我們方知松柏依然蒼翠茂盛。從前，齊桓公逃奔於莒國，然後萌生復國稱霸的念頭；晉文公流亡於曹國，才有稱霸之心；越王勾踐因會稽之恥，才萌生復國之志。在陳國、蔡國遇到了困境，我該稱幸吧！」孔子莊重地重新拿起瑟，彈奏起來，子路激昂地拿着盾起舞。子貢說：「我真不知天高地厚啊！」古代得道的人，困窮時快樂，顯達時也快樂，所感到快樂的，並非困窮抑或顯達。如果自己持守仁義之道，那麼困窮和顯達都是一樣的，就像寒暑風雨的交替變化一樣。所以，許由在潁水之北怡然自適，共伯在共首山上逍遙自得。

賞析與點評

本篇闡述了人事努力的重要性，此段云：「古之得道者，窮亦樂，達亦樂。所樂非窮達也，道得於此，則窮達一也。」實為至理名言。孔子經常提及道德修為的成功，較之事業顯達更為重要。《史記·孔子世家》曾記顏回說：「夫道之不修也，是吾醜也。夫道既已大修而不用，是有國者之醜也。不容何病，不容然後見君子！」再證《呂氏春秋》的時機論與儒家思想多有相合。

遇合

本篇導讀——

本篇闡述了《呂氏春秋》「時機論」的第二層觀念，說明士人得遇明君，全靠機遇，並據此推而廣之，指出舉事求望成功，必須等待兩重機遇相會配合，方始有望，故稱「遇合」。

凡遇合也[1]，時不合，必待合而後行。故比翼之鳥死乎木[2]，比目之魚死乎海[3]。孔子周流海內，再干世主[4]，如齊至衞[5]，所見八十餘君，委質為弟子者三千人，達徒七十人[6]，七十人者，萬乘之主得一人用可為師，不為無人，以此遊僅至於魯司寇，此天子之所以時絕也，諸侯之所以大亂也。亂則愚者之多幸也，幸則必不勝其任矣。任久不勝，則幸反為禍。其幸大者，其禍亦大，非禍獨及己也。故君子不處幸，不為苟，必審諸己然後任，任然後動。

注釋

1 遇合：指得遇明君的兩重機遇同時出現，相互配合。《呂氏春秋．勸學》云：「凡遇合也，合不可必。」表示相合與否，並非必然。

2 比翼之鳥：鳥名。《爾雅．釋地》：「南方有比翼鳥焉，不比不飛，其名謂之鶼鶼。」

3 比目之魚：魚名。《爾雅．釋地》：「東方有比目魚焉，不比不行，其名謂之鰈。」

4 干：求取官職。

5 如：前往。

6 達徒：指成績優秀的學生。

譯文

凡遇明君，都需要合適的時機。時機不合，便一定要等待相合的時候，方始可以有所行動。所以，比翼鳥求配偶並飛不得而老死樹上，比目魚求配偶同游不得而死在海裏。孔子周遊天下，多次向當世君主謀求官職，曾經到過齊國、衞國，謁見過的君主就有八十多位。奉獻見面禮給孔子的學生也有三千人，其中成績優秀的學生有七十人。這七十人當中，擁有萬乘兵車的大國君主，任選一位都足以出任自己的老師，這不能說國家沒有人才。憑藉這樣的身份和聲望，孔子帶領他們周遊列國，卻僅能做到魯國的司寇。不重用聖人，這正是當時周天子之所以滅絕的原因，這也是諸侯列國之所以混亂不堪的原因。亂世裏，愚昧的人就多被僥倖地任用。被僥倖任用的愚者，必然不能勝任。長此以往，對這些人來說，僥倖反成禍害。所遇的僥倖越大，禍害也就越大，不單禍及自己，也將殃及國家和百姓。所以君子不做僥倖的事，不苟且接受任命，必定慎重考慮自己的才能，然後才擔當職務，擔當職務後才具體行事。

凡能聽說者，必達乎論議者也。世主之能識論議者寡，所遇惡得不苟[1]？凡能聽音者，必達於五聲。人之能知五聲者寡，所善惡得不苟？客有以吹籟見越王者，羽角宮徵商不謬，越王不善，為野音而反善之[2]。

注釋

1 惡：安也。

2 野：鄙也。

譯文

凡是善於聽取勸說的人，一定要通曉議論的是非得失。世上的君主能識別議論的很少，他們所賞識任用的人怎能不是苟且之輩呢？凡是能夠欣賞音樂的人，一定都是通曉五音的。能夠通曉五音的人卻很少，他們所喜歡的音樂怎能不鄙俗呢？有位賓客憑吹簫技藝謁見越王，羽、角、宮、徵、商五音吹得絲毫不謬，越王卻認為他吹得不好；吹奏鄙俗的音樂，越王反而認為很好。

說之道亦有如此者也。人有為人妻者。人告其父母曰：「嫁不必生也[1]。衣器之物，可外藏之，以備不生。」其父母以為然，於是令其女常外藏[2]。姑妐知之[3]，曰：「為我婦而有外心，不可畜。」因出之[4]。婦之父母，以謂為己謀者以為忠，終身善之，亦不知所以然矣。宗廟之滅，天下之失，亦由此矣。

注釋

1 不必生：指不一定能夠生育兒子，古代婦人無子或被休棄。

2 外藏：藏私財於外。

3 姑妐（粵：鐘；普：zhōng）：指公婆。夫君的父母。

4 出之：《孔子家語．本命解》云：「婦有七出、三不去；七出者：不順父母出者，無子者，婬僻者，嫉妬者，惡疾者，多口舌者，竊盜者。」婦人外藏，即為竊盜，犯七出之罪，故曰「出之」也。

譯文

勸說別人時也有像這種情況的。一個嫁作人妻的女子，有人告訴她的父母說：「女兒出嫁以後不一定能生育兒子，衣服器物，可讓她拿出來藏在外邊，以防備不能生育兒子而被休棄。」她的父母認為這人說的話很有道理，於是就讓女兒經常從夫家拿走財物藏在外邊。她的公公婆婆得知此事後說：「當了我們家的媳婦，卻存外心，不可以留養。」因此休棄她。她的父母因女兒果被休棄，而竟以為當初給主意的人非常忠誠，終身與他交好，始終不知道女兒被休棄正因此人的錯誤判斷。宗廟的毀滅，天下的喪失，也是由於不能識別論說是非的緣故。

故曰遇合也無常。說[1]，適然也[2]。若人之於色也，無不知說美者，而美者未必遇也。故嫫母執乎黃帝[3]，黃帝曰：「厲女德而弗忘[4]，與女正而弗衰，雖惡奚傷[5]？」若人之於滋味，無不說甘脆，而甘脆未必受也。文王嗜菖蒲菹[6]，孔子聞而服之，縮頞而食之，三年然後勝之。人有大臭者[7]，其親戚兄弟妻妾知識無能與居者，自苦而居海上[8]。海上人有說其臭者，晝夜隨之而弗能去。說亦有若此者。

注釋

1 說：讀「如」字，與上文「凡能聽說者」，下文「說亦有若此者」之「說」字相同。

2 適然：偶然。

3 嫫（粵：模；普：mó）母：古代醜女，黃帝之妻。

4 **厲**：磨礪。

5 **惡**：醜也。**奚**：何也。

6 **菖蒲**：水生植物。**菹**：腌菜。

7 **大臭**：嚴重的體臭。

8 **苦**：傷也。

譯文

所以說，得到君主賞識重用並無常規，言說打動君主有相當大的偶然因素。就像人們對於女色一樣，沒有誰不知道喜歡漂亮的，可是漂亮的女子卻未必能遇上。所以醜女嫫母為黃帝所喜愛，黃帝說：「砥礪你的德行而不中廢，交託你處理後宮之政不要懈怠，雖然你容貌醜陋，又有甚麼關係呢？」就像人們對於滋味一樣，沒有人不愛吃甘脆的食物，可是甘脆之食未必就能吃到。周文王愛吃腌製的菖蒲根，孔子聽後，皺着眉頭吃下去，過了整整三年才慢慢習慣。齊國有個體臭無比的人，他的父母、兄弟、妻妾、朋友，沒有人願意跟他住在一起。他極為苦惱就住在海上，卻發現海上有人偏喜歡他身上的臭味，日夜追隨不肯離開。喜歡人也竟有這樣的不同。

賞析與點評

此段記述了一則故事，「人有大臭者，其親戚兄弟妻妾知識無能與居者，自苦而居海上。海上人有說其臭者，晝夜隨之而弗能去。」遇合無常，並無固定規律。現實人生面對種種離合，不妨處之泰然。

陳有惡人焉，曰敦洽讎糜，雄顙廣顏[1]，色如浹赭[2]，垂眼臨鼻[3]，長肘而盭[4]。陳侯見而甚說之，外使治其國，內使制其身。楚合諸侯，陳侯病不能往，使敦洽讎糜往謝焉。楚王怪其名而先見之。客有進狀有惡其名言有惡狀[5]，楚王怒，合大夫而告之[6]，曰：「陳侯不知其不可使，是不知也；知而使之，是侮也[7]；侮且不智，不可不攻也。」興師伐陳，三月然後喪[8]。惡足以駭人，言足以喪國[9]，而友

之足於陳侯而無上也[10]，至於亡而友不衰。夫不宜遇而遇者[11]，則必廢；宜遇而不遇者，此國之所以亂、世之所以衰也。天下之民，其苦愁勞務從此生。

注釋

1 顙（粵：爽；普：sǎng）：指額頭。顏：亦謂額也。意指敦洽讎糜額骨雄大而寬廣，樣貌甚醜。

2 赭（粵：者；普：zhě）：紅褐色。

3 臨：讀作「隆」。

4 盭（粵：吏；普：lì）：胝也。

5 客有進狀有惡其名言有惡狀：此文疑本作「客（有）進，狀有惡其名，言有惡（其）狀。」意思是客進，其狀又更惡於其名，其言又更惡於其狀。今本「客」下衍「有」字，又脫「其」字，因此意思不通。

6 合：會。

7 侮：侮慢不敬。

8 喪：滅之也。

9 喪國：讎糜貌惡足以驚人，其言足以亡國也。

10 無上也：沒人能及。

11 夫不宜遇而遇者：王念孫云：「不宜遇而遇者」上當有「友」字。

譯文

陳國有個長得很醜陋的人，叫敦洽讎糜，額骨雄大寬廣，膚色赤紅，眼睛下垂，接近鼻子，臂長而彎曲。陳侯見到他卻甚為喜歡，讓他對外治理國家，對內監督自己的起居生活。楚王會集諸侯，陳侯剛好有病未能前往，就派敦洽讎糜去向楚國謝罪。楚王對他的名字感到奇怪，就先召見了他。他進去了，相貌比名字更為醜陋，言辭又比相貌更為醜惡。楚王非常生氣，召集諸位大夫，告訴他們說：「陳侯若是不知道這個人不可以派遣出使，這就是他的不智；知道這個人不可以派遣出使卻仍要派遣他，那就是對楚國的侮慢不敬。侮慢不敬且不明智，不可以不攻打他。」於是發兵攻打陳國，三個月後滅了陳國。相貌醜陋足以令人害怕，言論粗鄙足以使國家滅亡，可是陳侯對敦洽讎糜的友愛卻無人可比，直到亡國前仍然寵愛不減。不應該受重用的卻受到重用，最後一定會被廢棄。應該受賞識的卻沒有受到賞識，這就是國家之所以混亂、世道之所以衰微的原因，天下百姓的憂愁勞苦就由此而產生了。

凡舉人之本，太上以志，其次以事，其次以功。三者弗能，國必殘亡，群孽大至，身必死殃，年得至七十、九十猶尚幸。賢聖之後[1]，反而孽民，是以賊其身，豈能獨哉？

注釋

1 賢聖之後：陳侯是舜帝的後代，故曰「賢聖之後」。

譯文

大凡舉用人才的根本原則，以道德為最上，其次憑其事業，最後憑其功績。這三方面都一無是處，國家定會殘敗滅亡，各種災禍接踵而來，君主自身遭到禍害，能活到七十歲、九十歲，實在是僥倖了。陳侯作為聖賢的後代，反而禍害百姓，並因此害了自己，又豈只是獨自受害呢！

必己

本篇導讀——

本篇進一步發揮「時機論」的第三重意義，即強調首時、遇合以外，人為努力的重要。篇中所謂「外物不可必」，即指外力干預其中變數難以掌握。然而，君子仍當修身立志，在自身處努力不懈，務求不受外來因素影響而在道德修為上得到成功。〈必己〉篇末云：「君子之自行也，敬人而不必見敬，愛人而不必見愛。敬愛人者，己也；見敬愛者，人也。君子必在己者，不必在人者也。必在己無不遇矣。」強調能夠不受外在遇合因素影響，而能全然掌握於己者，其實僅有個人道德修養而已。

外物不可必[1]，故龍逄誅[2]，比干戮[3]，箕子狂[4]，惡來死[5]，桀、紂亡。人主莫不欲其臣之忠，而忠未必信，故伍員流乎江[6]，萇弘死、藏其血三年而為碧[7]。親莫不欲其子之孝，而孝未必愛，故孝己疑[8]，曾子悲[9]。

注釋

1 必：動詞，必然保證的意思。
2 龍逄（粵：龐；普：páng）：即關龍逄，夏朝賢臣，勸諫夏桀而遭夏桀殺死。
3 比干：紂之叔父，因勸諫紂王，紂剖其心而視之。
4 箕（粵：基；普：jī）子：紂之叔伯，見紂無道，披髮佯狂。
5 惡來：紂之諛臣，武王殺之。
6 流乎江：伍子胥諫吳王夫差，夫差不從其言，並殺子胥，將其屍體投入江中。
7 萇（粵：場；普：cháng）弘：周敬王大夫，號知天道，周人殺萇弘，萇弘枉死，其血三年化為碧玉。
8 孝己：殷王高宗之子，遭後母讒言，被放逐而死。
9 曾子：曾參，以至孝見疑於其父，故傷悲也。

譯文

外物不可以必然確定。所以關龍逄被殺，比干遇害身亡，箕子裝瘋，惡來被處死，桀、紂也遭到滅亡。君主無不希望自己的臣子對自己忠誠，可是忠臣卻不一定受到君主的信任。所以，伍員的屍體被拋到長江中，萇弘被殺死，他的血三年後化為碧玉。父母無不希望兒子孝順，可是孝子卻不一定受到父母喜愛。所以，孝己被懷疑，曾子因為被父母毒打而感到傷悲。

莊子行於山中，見木甚美長大，枝葉盛茂，伐木者止其旁而弗取，問其故，曰：「無所可用。」莊子曰：「此以不材得終其天年矣。」出於山，及邑，舍故人之家[1]。故人喜，具酒肉，令豎子殺鴈饗之[2]。豎子請曰：「其一鴈能鳴，一鴈不能鳴，請奚殺[3]？」主人之公曰：「殺其不能鳴者。」明日，弟子問於莊子曰：「昔者山中之木以不材得終天年[4]，主人之鴈以不材死，先生將何以處？」莊子笑曰：「周將處於材、不材之間。材、不材之間，似之而非也，故未免乎累[5]。若夫乘道德則不然[6]：無訝無訾[7]，一龍一蛇，與時俱化，而無肯專為；一下一上[8]，以禾為量[9]，而浮游乎萬物之祖，物物而不物於物，則胡可得而累？此神農、黃帝之所法。若

夫萬物之情、人倫之傳則不然：成則毀，大則衰，廉則刲[10]，尊則虧，直則骫[11]，合則離，愛則隳，多智則謀，不肖則欺，胡可得而必？」

注釋

1 舍：止宿。

2 豎子：指童僕。「豎子」下原有「為」字，據《莊子．山木》互見文獻刪。饗：以食物招待人客。

3 奚：何。

4 昔者：《莊子．山木》作「昨日」。

5 累：憂患禍害的意思。

6 乘：「乘」字原脱，據《莊子．山木》互見文獻增。

7 訝：《莊子．山木》作「譽」，疑「訝」乃「譽」之聲誤。

8 一下一上：原作「一上一下」，據俞樾說改正，見《諸子平議》。

9 禾：讀為「和」，《莊子．山木》正作「和」。

10 廉：利也。刲：缺傷。

11 骫（粵：委；普：wěi）：彎曲。

譯文

莊子在山中行走，看見一棵長得既秀美又高大的樹，枝葉茂盛，伐木的人站在樹旁卻不去採伐它。問他是甚麼緣故，他回答說：「這樹沒有甚麼用處。」莊子說：「這棵樹因為不成材所以得以終其天年。」他走出山林，到了村裏，住在老朋友的家中。老朋友很高興，準備了酒肉，讓童僕殺鵝款待客人。童僕請示：「一隻鵝能鳴叫，另一隻鵝不能鳴叫，請問要殺哪一隻？」主人說道：「殺那隻不能鳴叫的。」第二天，學生向莊子問道：「昨天山中那棵樹因為不成材而得以終其天年，如今主人家的鵝卻因為不成材而被殺，先生你將在成材和不成材兩者之間作出怎樣的選擇呢？」莊子笑着說：「我將選擇在成材和不成材之間。成材和不成材之間，似乎是最合適的位置，但其實不然，所以仍然不能免於禍患。若能依從大道就不是這樣了；大道之中，沒有稱譽也沒有毀辱，時而為龍，時而為蛇，變化不定，不拘一物。時下時上，以順應自然中和之道作為準則，浮遊在萬物初始的虛無狀態，主宰萬物而不受萬物所役使，那又怎會為物所繫累呢？這就是神農、黃帝所取法的準則。至於萬物之情、人倫變遷之道就不一樣了。有所成即有所毀，強大便會招致衰弱，鋒利招致缺損，尊崇招致虧缺，端直招來彎曲。聚合了就會離散，受到寵愛就會被廢棄，智謀多就會受人計算，不賢明就會受人欺騙，這些怎麼可以斷然確定呢？」

牛缺居上地大儒也，下之邯鄲[1]，遇盜於耦沙之中。盜求其橐中之載則與之[2]，求其車馬則與之，求其衣被則與之。牛缺出而去。盜相謂曰：「此天下之顯人也，今辱之如此，此必愬我於萬乘之主[3]，萬乘之主必以國誅我，我必不生，不若相與追而殺之，以滅其跡。」於是相與趨之，行三十里，及而殺之。此以知故也。

注釋

1 下：從高處到低處。

2 橐（粵：託；普：tuó）：口袋。指財物。

3 愬（粵：訴；普：sù）：告訴。

譯文

牛缺居住在上地，是個知識淵博的大儒。有一次他南下邯鄲，在耦沙一帶遇到盜賊。盜賊要他袋中的財物，牛缺就給了；想要他的車馬，他也給了；想要他的衣物，他也都給了。牛缺步行離去。盜賊們商議說道：「這是位傑出的大人物，如今我們這樣羞辱他，他一定會向大國君主訴說我們的所作所為，大國君主必定會動用全國的兵力來討伐我們，我們一定不能活命。不如追上前把他殺掉，毀滅一切蹤跡。」於是他們一起追趕牛缺，追了三十里，追及他並把他殺死了。這是因為他們知道牛缺是位賢人的緣故。

孟賁過於河，先其五，船人怒，而以楫虓其頭[1]，顧不知其孟賁也[2]。中河，孟賁瞋目而視船人[3]，髮植[4]，目裂，鬢指，舟中之人盡揚播入於河。使船人知其孟賁，弗敢直視，涉無先者，又況於辱之乎？此以不知故也。

注釋

1 楫（粵：接；普：jí）：划船的短槳。虓（粵：敲；普：qiāo）：敲。

2 顧不知其孟賁也：《後漢書・鄭太傳注》引作「不知其孟賁故也。」

3 瞋（粵：親；普：chēn）：睜大眼睛。

4 植：豎立。

譯文

孟賁渡河，搶在隊伍前先上船，船夫十分生氣，用舟楫去敲他的頭，卻不知道這人是孟賁。船到了河中間，孟賁瞪大眼睛怒視船夫，頭髮都豎立起來，眼眶都瞪裂了，兩鬢都豎直了。船上的人騷動着躲開，紛紛掉到河裏。假使船上的人知道他是孟賁，根本沒有人敢正眼看他，也沒有人敢搶在他前面上船，更何況去侮辱他呢？這是因為船夫不知道孟賁身份的緣故。

知與不知，皆不足恃，其惟和調近之。猶未可必，蓋有不辨和調者，則和調有不免也。宋桓司馬有寶珠，抵罪出亡。王使人問珠之所在，曰「投之池中」，於是竭池而求之，無得，魚死焉。此言禍福之相及也。紂為不善於商，而禍充天地，和調何益？

譯文

知道與不知道，都不足恃，大概只有和調的辦法才最為接近可取，但還是不能完全確保。若遇到不能辨識調和之道的，即使採用調和的方法也不能免於禍患。宋國的桓司馬藏有一顆寶珠，他犯了罪逃亡在外。宋景公派人追問寶珠所在，桓司馬說：「投進池塘裏去了。」於是景公抽乾池水來尋找寶珠，卻沒有找到，池中的魚卻全都因此而死了。紂王在商國多行不善，所造成的禍患卻充滿於天地之間，即使採用和調之道又有何用？

張毅好恭[1]，門閭帷薄聚居眾無不趨，輿隸姻媾小童無不敬[2]，以定其身，不終其壽，內熱而死。單豹好術，離俗棄塵，不食穀實，不衣芮溫[3]，身處山林巖堀，以全其生，不盡其年，而虎食之。孔子行道而息，馬逸，食人之稼，野人取其馬。子貢請往說之，畢辭[4]，野人不聽。有鄙人始事孔子者曰：「請往說之。」因為野人曰：「子不耕於東海，吾不耕於西海也，吾馬何得不食子之禾？」其野人大說，相謂曰：「說亦皆如此其辯也，獨如嚮之人[5]？」解馬而與之。說如此其無方也而猶行，外物豈可必哉？

注釋

1 張毅：魯國人。好恭：處世待人十分恭敬。

2 輿隸：指奴僕。姻媾（粵：夠；普：gòu）：指有姻親關係的親戚。

3 芮（粵：銳；普：ruì）：絮也。

4 畢辭：《淮南子・人間》互見文獻作「卑辭」。

5 嚮之人：指子貢。

譯文

張毅恭敬待人，經過門閭、帷幕垂簾以及人聚集的地方，無不快步走過；對待奴隸、姻親和童僕等等都不會不尊敬，以便使自身平安，但他卻未能盡其天年，因患內熱病死去。單豹喜歡道術，超塵脫俗，不吃五穀，不穿絲絮，居住在山林岩穴之中，與世無爭，以便保全自己的生命，可是卻未能終其天年，被老虎吃掉了。孔子在趕路，途中休息，馬匹藉機逃跑，吃了人家的莊稼，農夫抓住了孔子的馬。子貢請求去勸說農夫歸還馬匹，把可以說的話都講盡了，那農夫就是不肯答應。有個剛剛從偏遠地區來服侍孔子的鄉下人請求道：「請讓我去試試說服他。」他對那農夫說：「你不在東海耕田，我不在西海耕田，（我們過往因此從不相遇。今天既然相遇了），我的馬怎麼能不吃你的莊稼呢？」那位農夫非常高興，對他說：「你說的話竟是這樣的善辯，哪像剛才那個人呢？」接着即解馬歸還交給他。雖然勸說農夫的那句話是不合常理的，卻能行得通，可見外物怎麼可以斷然確保呢？

者。君子之自行也，敬人而不必見敬，愛人而不必見愛。敬愛人者，己也；見敬愛者，人也。君子必在己者，不必在人者也，必在己無不遇矣。

譯文

君子的自我修行，尊敬他人而不要求一定被人尊敬，憐愛他人而不要求一定被人憐愛。尊敬、憐愛他人，在於自己；被人尊敬、憐愛，在於別人。君子確保能在自己操控的層面上努力，而不將他人外在的因素看成必然；確保全在自己操控的層面上，就不必擔憂外在遇合的問題了。

賞析與點評

此段提出必己的方法，其謂「君子之自行也，敬人而不必見敬，愛人而不必見愛。敬愛人者，己也；見敬愛者，人也。」是從道德修身立說。《孟子・離婁》嘗言：「愛人不親，反其仁；治人不治，反其智；禮人不答，反其敬。行有不得者，皆反求諸己。」亦有反身修德之意。由此可見，《呂氏春秋》的時機論與儒家思想亦有相類之處。

慎大覽

不廣

本篇導讀——

本篇闡述人事不可曠廢的道理，亦時機論的核心課題。篇中強調天時機遇固然重要，唯人事努力亦不可廢，還記述了一則必己的故事，以證人事勝天。趙將孔青將齊軍屍首三萬歸還齊國以後，齊國僅有兩種選擇，一則悉數禮葬三萬殉國之士；一則不加殮葬，任由屍橫遍野。然而，齊君如取前者，則國庫空虛；如取後者，則民怨沸騰。可見不論齊君如何取捨，亦必敗無疑，這就是必己之術。

智者之舉事必因時。時不可必成，其人事則不廣[1]，成亦可，不成亦可。以其所能託其所不能，若舟之與車。

注釋

1 廣：依俞樾說，通「曠」，廢棄的意思。

譯文

明智的人做事一定要依靠時機，時機不一定能得到，但人為努力卻不可廢棄。得到時機也好，得不到時機也好，用自己能力所能做到的，彌補能力不逮之處，就像船和車互相彌補不足。

北方有獸，名曰蹷，鼠前而兔後，趨則跲[1]，走則顛，常為蛩蛩距虛取甘草以與之[2]。蹷有患害也，蛩蛩距虛必負而走。此以其所能託其所不能。（……）

注釋

1 跲（粵：夾；普：jiá）：絆倒。

2 蛩蛩（粵：窮；普：qióng）距虛：傳說中的異獸。

譯文

北方有一種野獸，名叫蹶，前腿像鼠一樣短，後腿像兔一樣長，走快了就絆跌，一跑就倒下。牠常常替蛩蛩距虛找來甘草，找到以後就給牠。蹶有禍患的時候，蛩蛩距虛定必背着牠逃走。這就是用自己能力所能做到的，來彌補能力不逮之處。

齊攻廩丘。趙使孔青將死士而救之，與齊人戰，大敗之。齊將死。得車二千，得尸三萬以為二京。甯越謂孔青曰：「惜矣，不如歸尸以內攻之。越聞之，古善戰者，莎隨賁服，卻舍延尸，彼得尸而財費乏，車甲盡於戰，府庫盡於葬。此之謂內攻之。」孔青曰：「齊不尸則如何？」甯越曰：「戰而不勝，其罪一。與人出而不與人入，其罪二。與之尸而弗取，其罪三。民以此三者怨上，上無以使下，下無以事上。是之謂重攻之。」甯越可謂知用文武矣。用武則以力勝，用文則以德勝。文武盡勝，何敵之不服？

譯文

齊國攻打廩丘。趙國派孔青率領敢死的勇士援救，跟齊國人作戰，把齊國打敗。齊國的將帥戰死，孔青俘獲戰車兩千輛，屍體三萬具，他把這些屍體封土堆成兩個高丘。甯越對孔青說：「太可惜了，不如把屍體歸還給齊國而從內部攻擊它。我聽說過，古代善於作戰的人，該堅守就堅守，該進退就進退。我軍後退三十里，給敵軍收拾屍體的機會。戰車鎧甲在戰爭中喪失盡了，府庫錢財在安葬戰死者時用盡了，這就稱為內部攻擊它。」孔青說：「齊人如果不收屍，那該怎麼辦？」甯越說：「作戰不能取勝，這是第一罪狀，率領士兵出去作戰而不能帶領他們歸來，這是他們的第二罪狀；給他們屍體卻不收取，這是他們的第三罪狀。人民將為這三個理由怨恨在上位的人。在上位的人再沒有辦法役使在下位的，在下位的人又無從侍奉在上位的，這就叫做雙重地攻擊它。」甯越可說是懂得運用文武兩種辦法。用武就憑力量取勝，用文就憑仁德取勝。文武兩方面都能取勝，敵人怎能不歸服？

貴因

本篇導讀——

《呂氏春秋》論述治國之道，倡言「貴因」。貴因思想，推本溯源，乃出自慎子。《慎子・因循》云：「天道因則大，化則細。因也者，因人之情也。」所謂貴因者，乃在萬事無為的前提下，順應外在客觀形勢以達致成功。《呂氏春秋》以為君主治國，應當「因而不為」，考司馬談〈論六家要旨〉嘗言：「道家無為，又曰無不為，其實易行，其辭難知。其術以虛無為本，以因循為用……有法無法，因時為業；有度無度，因物與合。」可見道家重「無為」而貴「因」，正好解釋了《呂氏春秋》「因而不為」的治國思想。

三代所寶莫如因[1]，因則無敵。禹通三江、五湖，決伊闕[2]，迵溝陸[3]，注之東海，因水之力也。舜一徙成邑，再徙成都，三徙成國，而堯授之禪位，因人之心也。湯、武以千乘制夏、商，因民之欲也。如秦者立而至，有車也；適越者坐而至，有舟也。秦、越，遠塗也，竫立安坐而至者，因其械也。

注釋

1 因：憑藉。

2 伊闕：山名，又名塞闕山、龍門山。因兩山相對如闕，伊水流經其間，故得其名。

3 迵（粵：動；普：dòng）溝：原作「溝迵」，據王念孫《讀書雜志》改正。迵，疏通溝道之意。

譯文

夏、商、周三代沒有甚麼東西較之憑藉、順應外在客觀形勢更為寶貴，憑藉、順應外在客觀形勢就能所向無敵。大禹疏通三江五湖，鑿開伊闕山，使水道暢通，河水流入東海，是順應了水往下流的力量。舜遷移一次而建成了城邑，遷移了兩次而建成了都城；遷移了三次乃建成了國家。於是堯把帝位讓了給他，這是為了順應人心。商湯、周武王憑着諸侯國的地位，取代了夏、商，是順應了人民的願望。到秦國的人，只要站着就能到達，那是因為有車；到越國的人，坐着就可以到達，那是因為有船。前往秦國、越國路途遙遠，能安靜地站着、舒適地坐着就能到達，是因為憑藉了車船等交通工具。

武王使人候殷[1]，反報岐周曰[2]：「殷其亂矣。」武王曰：「其亂焉至[3]？」對曰：「讒慝勝忠良[4]。」武王曰：「尚未也。」又復往，反報曰[5]：「其亂加矣。」武王曰：「焉至？」對曰：「賢者出走矣[6]。」武王曰：「尚未也。」又往，反報曰：「其亂甚矣。」武王曰：「焉至？」對曰：「百姓不敢誹怨矣。」武王曰：「嘻！」遽告太公[7]。太公對曰：「讒慝勝忠良[8]，命曰戮[9]；賢者出走，命曰崩；百姓不敢誹怨，命曰刑勝。其亂至矣，不可以駕矣[10]。」故選車三百，虎賁三千，朝要甲子之期，而紂為禽，則武王固知其無與為敵也。因其所用，何敵之有矣？

注釋

1 候：偵察。

2 岐周：城邑名。今陝西省岐山縣東北。

3 焉至：意思是甚麼程度。

4 讒：邪也。慝：惡也。忠：「忠」字原脱，據《群書治要》卷三十九引文補。

5 反：即「返」。

6 賢者出走：指箕子逃往朝鮮。

7 遽（粵：巨；普：jù）：疾。

8 忠：「忠」字依據上文補。

9 戮：暴也。

10 駕：讀作「加」。

譯文

周武王派人偵查殷商的形勢，那人回到岐周報告說：「殷商大抵已經出現混亂了。」武王問：「混亂到甚麼程度？」那人回答說：「邪惡的人勝過了忠良的人。」武王說：「還沒有亂到極點。」那人又回去偵查，回來報告說：「殷國的混亂程度增加了。」武王問道：「混亂到甚麼程度？」那人回答說：「賢德的人都逃亡了。」武王說：「還未亂到極點」。於是再去偵查，回來報告說：「殷的混亂已經十分厲害了。」武王問：「混亂到甚麼程度？」那人答道：「老百姓都不敢說出怨恨不滿的話。」武王說：「好啊！」然後急忙將情況告訴太公望。太公望回答說：「邪惡的人勝過了忠良的人，叫做暴亂。賢德的人出逃在外，這叫作崩壞。老百姓都不敢道出怨恨不滿，這叫做刑法苛刻。殷的政治已經混亂到極點了，無以復加了。」於是挑選兵車三百輛，勇士三千人，朝會諸侯以甲子之日為期，出兵牧野，擒獲商紂。由此看來，武王本來就知道商紂無法與他為敵。善於利用敵方衰敗的形勢，何來敵手呢？

武王至鮪水。殷使膠鬲候周師，武王見之。膠鬲曰：「西伯將何之？無欺我也。」武王曰：「不子欺，將之殷也。」膠鬲曰：「朅至[1]？」武王曰：「將以甲子至殷郊，子以是報矣[2]。」膠鬲行。天雨，日夜不休，武王疾行不輟[3]。軍師皆諫曰：「卒病，請休之。」武王曰：「吾已令膠鬲以甲子之期報其主矣。今甲子不至，是令膠鬲不信也。膠鬲不信也，其主必殺之。吾疾行以救膠鬲之死也。」武王果以甲子至殷郊。殷已先陳矣[4]。至殷，因戰，大克之。此武王之義也[5]。人為人之所欲，己為人之所惡，先陳何益？適令武王不耕而穫。

注釋

1 揭（粵：喝；普：hé）：王念孫云：「揭」猶「曷」也。

2 報：白也。

3 輟：止也。

4 陳（粵：陣；普：zhèn）：列陣。

5 武王之義：《史記・周本紀》云：「紂師雖眾，皆無戰之心，心欲武王亟入。紂師皆倒兵以戰，以開武王。」

譯文

武王伐紂的軍隊到了鮪水。殷商派膠鬲來偵查周師的情況，武王召見他。膠鬲說：「西伯將要到哪裏去？請別欺騙我。」武王說：「我不騙你的，我軍將要到殷都去。」膠鬲問：「甚麼時候到達呢？」武王說：「將在甲子之日到達殷郊，你把這情況向商王報告吧。」膠鬲回去了。然後，天雨不斷，日夜不息，武王領軍加緊前進而不歇息。軍官們都勸諫道：「士兵們很疲累了，請讓他們休息吧。」武王說：「我已經讓膠鬲將甲子日到達殷郊的情況向紂王報告了。如果甲子之日不能趕到，這會使膠鬲失信。膠鬲失信，紂王定把他殺掉。我加速行軍，是為了拯救膠鬲。」武王果然在甲子之日趕到殷郊。殷商的軍隊已經列陣了。武王的軍隊到了殷郊以後，雙方交戰，武王結果大敗紂軍。這就是武王的仁義。武王所做的是人民所渴望的事情，紂王所做的卻是人民所怨恨的事情，事先佈好陣勢又有何用呢？這正好讓武王不戰而勝。

武王入殷，聞殷有長者。武王往見之，而問殷之所以亡。殷長者對曰：「王欲知之，則請以日中為期。」武王與周公旦明日早要期[1]，則弗得也。武王怪之。周公曰：「吾已知之矣。此君子也，取不能其主[2]，有以其惡告王[3]，不忍為也。若夫期而不當，言而不信，此殷之所以亡也，已以此告王矣。」

注釋

1 要期：指約定的日期。

2 取：選取。能：親近。

3 有：王念孫云：「有」讀作「又」。

譯文

武王進入殷都，聽說那裏有個德高望重的人。武王就去會見他，請教他殷商所以滅亡的原因。那位德高望重的人答道：「大王想知道，那就請於明天日中之時來吧。」武王和周公旦第二天提前赴約，卻沒有看見那人。武王感到十分奇怪，周公旦說：「我已知道當中的意思了。他真是位君子啊，他已經不能選取自己的國君加以親近，現在又要把自己國君的過失告訴你，他不忍心這麼做。至於到了約定日期卻不依期應約，是言而無信了，這正是殷商滅亡的原因。他已經通過這種方式回答了你的問題。」

夫審天者，察列星而知四時，因也。推曆者，視月行而知晦朔[1]，因也。禹之裸國[2]，裸入衣出，因也。墨子見荊王，衣錦吹笙[3]，因也。孔子道彌子瑕見釐夫人[4]，因也。湯、武遭亂世，臨苦民，揚其義，成其功，因也。故因則功，專則拙。因者無敵。國雖大，民雖眾，何益？

注釋

1 晦：夏曆每月最後一天。朔：夏曆每月的首天。

2 祼國：指不穿衣服，祼體而行的部族。

3 衣錦：原作「錦衣」，據《太平御覽》卷五八一引文改。墨子好儉非樂，錦與笙都不是他的所好，所以衣錦吹笙者，乃迎合荊王所好。

4 彌子瑕：衞靈公之幸臣也，孔子因之欲見靈公夫人南子。

譯文

觀測天象的人，觀察眾星運行的規律，就能夠了解四季的轉換更替，這是因為有所憑藉。推算曆法的人，觀察月亮運行的情況，就能知道晦日、朔日，這也是因為有所憑藉。禹到祼國去，他祼體進去，出來後再穿上衣服，是因為要順應當地的習俗。墨子謁見楚王，身穿華麗衣服，吹着笙，是為了迎合楚王的喜好。孔子通過彌子瑕求見釐夫人，為的是希望借此實踐自己的主張。商湯、周武王遭逢亂世，面對貧苦困厄的人民，宏揚仁義，成就顯赫，正是因為他們順應、依憑外在客觀形勢的緣故。因此，善於順應、憑藉外在客觀形勢，就能成功；單憑個人的力量，只會招致失敗。善於順應，憑藉外在客觀形勢的人，必定所向無敵。面對這樣的人，國土即使廣大，民眾即使眾多，又有何用呢？

賞析與點評

本篇提及武王在牧野之戰成功討伐紂王，而這段謂武王「臨苦民，揚其義，成其功，因也。」所謂「因」者，即有順從民意之義。《史記・周本紀》記牧野之戰云：「紂師雖眾，皆無戰之心，心欲武王亟入。紂師皆倒兵以戰，以開武王。」可見當天紂王雖然兵士眾多，唯民心背離，士兵倒戈相向，協助武王。此段云：「因者無敵。國雖大，民雖眾，何益？」表明順從民意乃治國關鍵，為政者務必銘記。

審分覽

審分

本篇導讀——

本篇承接〈先己〉、〈執一〉所言，開宗明義，即云：「治身與治國，一理之術也。」強調治身、治國一理相通，既能治身，則能治國。並論君主必須審分正名，「凡人主必審分，然後治可以至」，強調審分正名於治國之必要。

凡人主必審分，然後治可以至，姦偽邪辟之塗可以息[1]，惡氣苛疾無自至。夫治身與治國，一理之術也。今以眾地者，公作則遲，有所匿其力也；分地則速，無所匿也[2]。主亦有地，臣主同地，則臣有所匿其邪矣，主無所避其累矣。

注釋

1 息：滅也。

2 無所匿：「匿」下原有「遲」字，據王念孫說刪，見許維遹《呂氏春秋集釋》。

譯文

凡是君主，一定要明察君臣的職分，然後身治、國治皆可得而致。從治國而言，奸邪巧詐的途徑就能夠滅絕；從治身而言，邪氣惡疾就無從產生。所以說，修養自身和治理國家，其方法道理是一樣的。如果讓許多人耕種土地，共同耕種的成效緩慢，這是因為人們沒有盡力的緣故；分開耕種就快速了，這是因為他們無法躲懶。君主治理國家也像耕種土地一樣，臣下和君主共同治理，那麼臣下就有辦法收藏私心，君主就無法避免自身勞累了。

凡為善難，任善易[1]。奚以知之？人與驥俱走，則人不勝驥矣；居於車上而任驥，則驥不勝人矣。人主好治人官之事，則是與驥俱走也[2]，必多所不及矣。夫人主亦有居車，無去車[3]，則眾善皆盡力竭能矣，諂諛詖賊巧佞之人無所竄其姦矣，堅窮廉直忠敦之士畢競勸騁騖矣[4]。人主之車，所以乘物也。察乘物之理，則四極可有。不知乘物而自怙恃，奮其智能[5]，多其教詔[6]，而好自以；若此則百官恫擾[7]，少長相越，萬邪並起，權威分移，不可以卒[8]，不可以教，此亡國之風也。

注釋

1　任善：任用為善的人。

2　驥俱走也：指君主愛做人臣的事，猶如與驥並走，無法勝驥。

3　「夫人主亦有居車」兩句：《群書治要》卷三十九引作「夫人主亦有車，無去其車。」今本《呂氏春秋》與《治要》引文有脱文，疑文本作「夫人主亦有車，居車無去車。」今本《呂氏春秋》脱「車」字，《治要》引文則脱「居車」二字，衍「其」字。

4　堅：剛也。窮（粵：工；普：gōng）：《史記・魯周公世家》：「北面就臣位，匔匔如畏然。」徐廣云：「匔匔，謹敬貌也。音窮。」

5　奮：原作奪，據《群書治要》卷三十九引文改。

6 詔：教。

7 恫（粵：洞；普：dòng）擾：《群書治要》（卷子本）引作「相擾亂」。恫，動。擾，亂。

8 卒：疑為「率」之訛。

譯文

凡親自做好事都是困難的，任用別人做好事就容易了。怎樣得知這個道理？人和千里馬一起奔跑，人肯定趕不上千里馬；人坐在車子上駕馭千里馬，千里馬就會受制於人了。君主喜歡參與臣下職分的事，就像和千里馬一起競跑，在很多方面都會不如千里馬。君主必須像駕車的人一樣乘坐車子，坐在車子上，不要捨棄車子，那麼所有人都會盡心盡力了，阿諛奉承、邪惡巧詐的人就不能隱藏他的奸詐，而剛直謹敬、廉潔正直的人就會爭相為君主效力。君主的車子，是用來載物的。明白了載物的道理，那麼四方最遙遠的地方都可以去到；不明白車子載物的道理，因而依仗自己個人的能力，誇耀自己的才智，多番教導臣下做事的方法，剛愎自用，那麼百官就會恐懼騷亂，上下職級互相僭越，眾多邪惡不正的事情一併出現，君主權威分散下移，禍亂不能平息，無法向百姓施教，這是將近亡國的徵象。

王良之所以使馬者，約審之以控其轡[1]，而四馬莫敢不盡力。有道之主，其所以使群臣者亦有轡。其轡何如？正名審分，是治之轡已。故按其實而審其名，以求其情；聽其言而察其類，無使放悖。夫名多不當其實、而事多不當其用者，故人主不可以不審名分也。不審名分，是惡壅而愈塞也。壅塞之任，不在臣下，在於人主。堯、舜之臣不獨義，湯、禹之臣不獨忠，得其數也[2]；桀、紂之臣不獨鄙，幽、厲之臣不獨辟，失其理也。

注釋

1 約：簡要。控：操控的意思。轡：指馬繮繩。

2 數：術。

譯文

王良善於駕馬的原因，在於他能明察馭馬的要領，控制繮繩，因此四匹馬都不敢不用盡氣力。有道的君主，也有用來駕馭群臣的繮繩。那繮繩是甚麼呢？辨正名稱，審察職分，這就是君主駕馭群臣的繮繩。所以，依據實際而審查名分，以求合符實情；聽到某人的言辭就要考察他的行事，不要讓他浮誇違背。名稱有很多不符合實情的，所行的事有許多都是不切實用的。所以，君主不可以不辨察名分。不辨察名分，這是厭惡阻塞，反而更加阻塞。阻塞的責任，不在於臣下，而在於君主。堯、舜的臣子並非全部都是仁義的，禹、湯的臣下並非全部都是忠誠的，他們卻能稱王天下，只因他們掌握了駕馭群臣的方法啊。桀、紂的臣下並非全部都是鄙陋的，幽王、厲王的臣下並非全部都是邪僻的，可是他們全都亡國喪身，是因為他們駕馭臣子不得方法啊。

今有人於此，求牛則名馬[1]，求馬則名牛，所求必不得矣；而因用威怒，有司必誹怨矣[2]，牛馬必擾亂矣。百官，眾有司也；萬物，群牛馬也。不正其名，不分其職，而數用刑罰，亂莫大焉。夫說以智通，而實以遇悗[3]；譽以高賢，而充以卑下；贊以潔白，而隨以汙德；任以公法，而處以貪枉；用以勇敢，而堙以罷怯；此五者，皆以牛為馬，以馬為牛，名不正也。故名不正，則人主憂勞勤苦，而官職煩亂悖逆矣。國之亡也，名之傷也，從此生矣。白之顧益黑[4]、求之愈不得者，其此義耶！故至治之務，在於正名。名正則人主不憂勞矣。不憂勞則不傷其耳目之主。問而不詔，知而不為，和而不矜，成而不處。止者不行，行者不止，因形而任之，不制於物，無肯為使，清靜以公，神通乎六合，德耀乎海外，意觀乎無窮，譽流乎無止，此之謂定性於大湫[5]，命之曰無有。

注釋

1 名：叫喚名字。

2 有司：職有專司，指主管其事的官員。

3 遇：原作「過」，據王念孫說改，見許維遹《呂氏春秋集釋》。王念孫云：「遇」即「愚」之假借，「愚」與「智」正相反。一作「遇」。悗（粵：門；普：mán）：迷惑。

4 顧：反而。

5 大湫（粵：秋；普：qiū）：廣闊的空洞，這裏借喻為道家所言的大道。

譯文

假如這裏有個人，想得到牛卻說要馬，想得到馬卻說要牛，那麼他一定得不到所想要的東西。然而他竟因此而惱怒發威，主管的官吏必定會埋怨他，牛和馬一定會受到擾亂的。各種官職繁多而各有職分，萬物名稱眾多而牛馬殊異。不辨正名分，不區別職能，卻頻繁地使用刑罰，沒有禍亂比這個更嚴重了。稱讚一個人明智通達，而事實上他卻愚昧糊塗；讚譽一個人品德高尚，而實際上他卻卑鄙下流；讚揚一個人道德高潔，他隨後卻又表露出污穢的品德；委任一個人執掌公法，他卻乘機貪贓枉法；由於外表勇敢而任用一個人，可是他的內心卻充滿着怯懦；這五種情形，都是以牛為馬，以馬為牛，名實不符的。名分不正，君主就會勞累勤苦，百官就會紛亂叛逆。國家滅亡，名聲毀傷，由此而生。想要白，反而卻更黑了，想得到，反而失去，大概就是這個原因吧。所以，國家大治的關鍵，在於辨正名分。名分正了，君主就不會憂愁勞苦。不憂愁勞苦，就不會勞累了君主的內心，因為心正是耳目之主。君主多向臣下提問，卻不專斷地教導臣下；知道應該怎樣做，卻不親自去做；調和萬物，卻不自誇；成就功業，卻不居功。靜止的東西不令之行，已行者不使它靜止，依照事物的特點而加以利用，就不會為外物所制約，就不會為外物所役使。清靜而公正，精神通達到天地四方，功德照耀到四海之外，內心思維永無衰竭，美名傳頌千古不絕。這把性命安頓於幽靜空寂的大洞，這大洞被稱為「無有」。

賞析與點評

本篇起首即云：「治身與治國，一理之術也。」認為治身有成，則治國亦將有成。這是古人對執政者在修身方面的嚴格要求。作者以為懂得養生的人，才可以成功管治國家，篇中要求君主「問而不詔，知而不為。」這與現今政治要求統治者積極監管部門運作，親力親為，堪稱南轅北轍，孰者為優？讀者可以深入思考。

君守

本篇導讀——

本篇闡述了「因而不為」的治國思想，主張君主清靜無為，是所執守，故稱「君守」。全篇反覆論述君主無為而臣子有為的治國政策，其謂：「善為君者無識，其次無事。」務求達到「大聖無事而千官盡能」的理想治國模式。篇末提出「作者擾，因者平。惟彼君道，得命之情。」清楚表明君道貴因無為之旨。

得道者必靜。靜者無知，知乃無知，可以言君道也。故曰中欲不出謂之扃，外欲不入謂之閉[1]。既扃而又閉：天之用密[2]，有準不以平[3]，有繩不以正[4]；天之大靜，既靜而又寧，可以為天下正。身以盛心，心以盛智，智乎，深藏而實莫得窺乎。《鴻範》曰[5]：「惟天陰騭下民。」陰之者，所以發之也。故曰不出於戶而知天下，不窺於牖而知天道。其出彌遠者，其知彌少，故博聞之人、彊識之士闕矣，事耳目、深思慮之務敗矣，堅白之察、無厚之辯外矣[6]。不出者，所以出之也；不為者，所以為之也。此之謂以陽召陽，以陰召陰。東海之極，水至而反[7]；夏熱之下[8]，化而為寒。故曰界天無形[9]，而萬物以成；至精無為[10]，而萬物以化；大聖無事，而千官盡能。此乃謂不教之教，無言之詔。

注釋

1 閉扃（粵：gwiŋ^{1}；普：jiōng）：《說文解字》：「扃：外閉之關也。」古時以橫木關鎖門戶，外門之橫木曰扃，內門之橫木曰閉。

2 天：天性。

3 準：測量水平的儀器。

4 繩：繩墨，取直的工具。

5《鴻範》：《尚書》的其中一篇。

6 堅白、無厚：皆為戰國名家的名辯論題，堅白說由公孫龍子提出，而惠施則有「無厚」之論。

7 反：還。

8 下：王念孫云猶「後」也。

9 畁（粵：浩；普：hào）：「畁」字原脫，據王念孫《讀書雜志》補。

10 至精無為：原作「至精無象」，據王念孫《讀書雜志》改。

譯文

得道的人定必清靜。清靜的人一無所知，知與不知其實沒有分別，這樣才可以跟他談論為君的原則。所以說，內心欲望隱藏不外露，稱為外閉；外面的欲望被緊閉不能入內，稱為內關。既外閉又內關，天性得以嚴密保藏，不須用水準儀來測平它，不須以繩墨來拉直它，天性因此而非常清靜。既清靜又安寧，就可以當天下的主宰了。身體用以存放心，心用以儲積智慧。智慧深藏莫見，因此便不能窺探到實情了。《鴻範》上說：「只有上天會庇護萬民，並安定萬民。」庇護萬民是為了讓他們繁衍生息。所以說，不出門就能知天下事，不往窗外看就能知天的運行變化規律。那些出門越遠的人，他們知道的就越少。所以，博聞強記的人，他們的智慧反而有所欠缺；致力於耳聰目明、深思熟慮的人，他們的智慧反而受到損害；考析堅白、論辯無厚的人，其智慧反而被丟棄了。不出門正是為了達到出門的效果，清靜無為正是為了有所作為。這叫做用陽氣招來陰氣，用陰氣招來陽氣。東海那麼遠，水流到那裏終會返回；夏天酷熱過後，又會漸漸變成冬天的嚴寒。所以說，廣漠的上天雖然不創造萬物，萬物卻能自然生成；最精微的元氣其實無為，萬物卻被它化育；聖明的君主雖然無所事事，千萬群臣卻因此能盡心竭力。這叫做不教化的教化，不作聲的詔告。

賞析與點評

這段提出道家管治哲學，認為君主「不出於戶而知天下，不窺於牖而知天道。其出彌遠者，其知彌少。」又謂「不出者，所以出之也；不為者，所以為之也。」此實可溯源於《老子》第四十七章云：「不出戶，知天下。不闚牖，見天道。其出彌遠，其知彌少。是以聖人不行而知，不見而名，不為而成。」《呂氏春秋》對於道家思想多所依從，後世因以為呂書屬於新道家思想學派，讀者可以斟酌思考，以見呂書旨要所在。

故有以知君之狂也，以其言之當也；有以知君之惑也，以其言之得也。君也者，以無當為當，以無得為得者也。當與得不在於君，而在於臣。故善為君者無識，其次無事。有識則有不備矣，有事則有不恢矣。不備不恢[1]，此官之所以疑，而邪之所從來也。今之為車者，數官然後成。夫國豈特為車哉？眾智眾能之所持也，不可以一物一方安車也。

注釋

1 恢：備也。

譯文

所以，有辦法知道君主狂妄，那就是因為他的言論總是恰當的；有辦法知道君主昏惑，那就是因為他的言論總是得體的；所謂君主，就是以不求恰當為恰當，以不求得體為得體的人。恰當和得體不在於君主，而在於臣下。所以，善於為君的人首先沒有識見，其次無所事事。有識見就會不完備，有具體事務就會使事情不周全。做事不完備、不周全，這就是百官之所以疑惑，奸邪之所以出現的原因。現今製作車子的，須經過很多個部門才能製成。治理國家又何只製造車子那樣簡單呢？國家是靠着眾人的智慧和才能來維持的，不是做一件事情、使用一種方法就能使它安定的。

夫一能應萬無方，而出之務者，唯有道者能之。魯鄙人遺宋元王閉[1]，元王號令於國，有巧者皆來解閉。人莫之能解。兒說之弟子請往解之[2]，乃能解其一，不能解其一，且曰：「非可解而我不能解也，固不可解也[3]。」問之魯鄙人。鄙人曰：「然，固不可解也。我為之而知其不可解也。今不為而知其不可解也，是巧於我。」故如兒說之弟子者，以「不解」解之也。鄭大師文終日鼓瑟而興，再拜其瑟前曰：「我效於子，效於不窮也。」故若大師文者，以其猒者先之[4]，所以中之也。

注釋

1 鄙人：小人。閉：結不解者也。
2 兒說：宋國善辯之士。
3 固：本來。
4 猒：于省吾認為「猒」讀為「守」。

譯文

能以不變應萬變、無須設想方法卻能成就事情，只有得道之人才能做到。魯國有個鄉下人送給宋元王一個連環結，宋王傳令國內，讓靈巧善技的人都來解繩結。沒有人能解開。兒說的學生請求前去解結，卻只能解開其中一個，卻解不開另一個，並且說：「這繩結不是可以解開而我不能解開，而是它本來就解不開。」於是向魯國的那個鄉下人詢問，那人說：「對的。它本來就解不開。我設計的這個連環結，因而知道它不能解開。現在這個人並無設計連環結，卻能知道它解不開，這說明他比我更靈巧啊。」所以，像兒說學生那樣的人，就是用「不可解」的方法來解結。鄭國的太師文彈瑟彈了一整天後，站了起來，對着瑟再拜，說：「我學習你，學習你音律的變化無窮。」所以像太師文這種人，將終日執守的樂器置於較自己更崇高的地位，自己謙遜居後，所以才能切中瑟音精妙之處。

故思慮自傷也[1]，智差自亡也，奮能自殃也[2]，有處自狂也。故至神逍遙倏忽而不見其容[3]，至聖變習移俗而莫知其所從，離世別群而無不同，君民孤寡而不可障壅[4]，此則姦邪之情得而險陂讒慝諂諛巧佞之人無由人。凡姦邪險陂之入必有因也[5]。何因哉？因主之為。人主好以己為，則守職者舍職而阿主之為矣[6]。阿主之為，有過則主無以責之，則人主日侵而人臣日得。是宜動者靜，宜靜者動也；尊之為卑，卑之為尊，從此生矣。此國之所以衰而敵之所以攻之者也。

注釋

1 思慮自傷：「自」下原有「心」字，據陳昌齊說刪，見許維遹《呂氏春秋集釋》。

2 也：原作「其」，據俞樾說改正，見《諸子平議》。

3 倏（粵：叔；普：shū）忽：頃刻間，表示時間短暫。

4 孤寡：人君謙稱。

5 因：指憑藉。

6 阿：從。

譯文

所以，深慮是自我損傷，智巧是自取滅亡，自誇是自招禍殃，有所職任是自我狂安。所以，神妙無比的人逍遙自得，飄忽變化，但人們卻看不見他的形象；聖明至極的人能易風移俗，而人民卻不知道如何追隨，這種人超群出世，卻沒有不和諸的；治理百姓，稱孤道寡，而不受阻塞壅閉。這樣，奸邪的實情就能得知，陰險奸詐、進讒阿諛、機巧邀寵的人就無法親近了。凡是奸邪險惡的人，一定得有所憑藉。憑藉甚麼呢？就是憑藉君主親理政事。君主喜歡躬親事務，那麼任職的官員就會放棄自己的職責而曲從君主的做法。曲從君主的做法，一旦出錯，君主便無法責備他，如此君主的權勢會日漸削弱，臣下就會日益得志。這樣就是該動的卻安靜，該安靜的卻在動；尊貴的淪為卑賤，卑賤的升為尊貴，這種現象就是由此而產生的，這也正是國家所以衰敗、敵方所以進犯的原因。

奚仲作車，蒼頡作書，后稷作稼，皋陶作刑，昆吾作陶，夏鯀作城，此六人者所作當矣[1]，然而非主道者，故曰作者擾[2]，因者平。惟彼君道，得命之情，故任天下而不彊，此之謂全人[3]。

注釋

1 當：合也，合其宜。

2 擾：原作「憂」，據王念孫說改，見許維遹《呂氏春秋集釋》。

3 全人：全德之人，無虧缺也。

譯文

奚仲創造了車子；倉頡創造了文字，后稷發明了種莊稼，皋陶制定了刑法，昆吾製造了陶器，夏鯀發明了築城。這六人所創造的東西都是合宜的，然而卻不是君主應該做的，所以說，親身做事的人會被擾亂，而借助他人做事的人卻心境平靜。只有掌握了清靜無為的為君之道，才會明白性命的真情，駕馭天下毫不費力，這樣的人就是德行完滿的人。

任數

本篇導讀——

本篇旨在闡述「君術」，亦與法家重術思想相合。文章結合君主「因而不為」的治國思想，提出「因者，君術也；為者，臣道也。為則擾矣，因則靜矣。」本篇並引述了韓昭釐侯用術管治下屬的故事，並記述法家申不害的論見，顯然是承傳自申子重術一派的主張，其中淵源可以清楚考見。

凡官者，以治為任[1]，以亂為罪。今亂而無責，則亂愈長矣。人主以好暴示能[2]，以好唱自奮[3]，人臣以不爭持位，以聽從取容[4]，是君代有司為有司也，是臣得後隨以進其業。君臣不定，耳雖聞不可以聽，目雖見不可以視，心雖知不可以舉，勢使之也。凡耳之聞也藉於靜，目之見也藉於昭，心之知也藉於理。君臣易操，則上之三官者廢矣[5]。亡國之主，其耳非不可以聞也，其目非不可以見也，其心非不可以知也，君臣擾亂，上下不分別，雖聞曷聞，雖見曷見，雖知曷知，馳騁而因耳矣，此愚者之所不至也。不至則不知，不知則不信。無骨者不可令知冰[6]。有土之君，能察此言也，則災無由至矣。

注釋

1 任：勝任。

2 暴：顯露展示。

3 奮：矜誇自大。

4 聽從取容：指臣下阿意曲從，苟合取容。

5 三官：指耳、目、心。

6 無骨者：指無骨之蟲，因為春生秋死，不知道冬天有冰雪。

譯文

凡任用官吏，治理得好就看成能勝任，治理得混亂就加罪。現在治理得混亂卻不加追究，那麼混亂就更為嚴重了。國君通過炫耀來顯示自己的才能，通過做先導來矜誇自大，臣下以不去進諫來保存自己的祿位，通過阿意曲從國君的話來苟合取容，這是國君代替臣下來做臣下分內的事，臣下只要跟在國君身後就能得到晉升。君臣的職分不能確定，耳朵雖然聽見也不能聽得清，眼睛雖然看得見也不可以看得清，心裏雖然知道但也不可以作出決定，這是君臣顛倒的情勢造成的。大凡耳朵聽聲要借助寧靜，眼睛看事物要借助光明，內心認識事物要依靠道理。君臣的職責顛倒了，那麼上面列舉的三種器官功能也就廢除了。亡國的君主，耳朵並不是不能聽到聲音，眼睛不是不能看到事物，心智不是不能認知。君主和臣下的職責混淆了，上下不分，即使聽到聲音又不知聽到的是甚麼，即使看到事物又不知看到的是甚麼，即使認知了事物又不知所認知的是甚麼，要達到隨心所欲又無所不至的境界，這就是愚昧的人所不能達到的境界。不能達到這種境界就不能了解這種境界，不能了解這種境界就不會相信。沒有骨頭的昆蟲不可能知道甚麼是冰。擁有疆土的君主，如果能夠明察這些話，災禍就無法到來了。

且夫耳目智巧[1]，固不足恃，惟脩其數[2]、行其理為可。韓昭釐侯視所以祠廟之牲，其豕小，昭釐侯令官更之。官以是豕來也，昭釐侯曰：「是非嚮者之豕邪？」官無以對。命吏罪之。從者曰：「君王何以知之？」君曰：「吾以其耳也。」申不害聞之，曰：「何以知其聾？以其耳之聰也。何以知其盲？以其目之明也。何以知其狂？以其言之當也。故曰去聽無以聞則聰，去視無以見則明，去智無以知則公。去三者不任則治，三者任則亂。」以此言耳目心智之不足恃也。耳目心智，其所以知識甚闕，其所以聞見甚淺。以淺闕博居天下、安殊俗、治萬民[3]，其說固不行。十里之間而耳不能聞，惟牆之外而目不能見，三畝之宮而心不能知。其以東至開梧、南撫多顠、西服壽靡、北懷儋耳[4]，若之何哉？故君人者，不可不察此言也。

注釋

1 智巧：即知巧，智謀巧詐之意。

2 脩：應作「循」。

3 安殊俗：使不同地區的習俗安定下來。

4 開梧：東極之國。多顯：南極之國。壽靡：西極之國。「靡」亦作「麻」。儋（粵：擔；普：dān）耳：北極之國。

譯文

聽覺、視覺機靈精巧，本來不可以用來依賴，唯有遵循道理才可。韓昭釐侯檢察用於祭祀的犧牲，發現牲豬細小瘦弱，韓昭釐侯就命令官吏更換另一隻，那個官吏就拿了原來的那隻又獻上來，韓昭釐侯問：「這不是剛才的那隻豬嗎？」官吏沒有說話。韓昭釐侯就下令將那官吏治罪。侍從的人問：「大王你根據甚麼知道牠是原來的那頭豬呢？」韓昭釐侯回答說：「我憑那頭豬的耳朵判別得知的。」申不害聽說了，就問：「根據甚麼知道他聾呢？因為他的聽覺聰敏；根據甚麼知道他盲呢？因為他的視覺明察。根據甚麼知道他癲狂呢？因為他說的話都得當。所以說，去掉聽覺，甚麼都聽不見，耳朵就聰敏；去掉視覺，甚麼都看不到，眼睛就明亮；去掉智慧，甚麼都不知道，心中就公正。去掉耳朵、眼睛、內心三樣東西都不使用，就可以治理好國家；三樣東西都用上了，反而會使國家大亂。」這說明耳朵、眼睛、心智都不足以依恃。耳朵、眼睛、心智所能了解認識的知識很狹隘，所能聽到見到的也很淺顯。憑着膚淺狹隘的知識管治廣博的天下，安定不同習俗的地區，治理全國的人民，這樣的說法本來就行不通。十里的距離，耳朵就聽不見了；帷幕牆壁以外的地方，眼睛就看不見了；在三畝那麼大的宮室裏，心智也難以盡然皆知。憑着這些，往東到達開梧國，往南安撫多顋，往西讓壽靡歸附，往北讓儋耳歸服，又能怎麼樣呢？所以當君主的人，不可不明察這些話。

賞析與點評

本篇論及君道無為，主張君主去除私聽、私視，放下個人主觀意見，聽任專職臣子之言。篇中云：「去聽無以聞則聰，去視無以見則明，去智無以知則公。」這讓我想到古代帝王冠冕的設計，冕旒前後的垂珠稱為繁露，乃用以遮蔽君主的眼睛；兩旁垂下的黑白圓珠稱為充纊，用以閉塞君主的耳朵；其意亦在去視去聽，俾君主聽政能夠公正無私。聳立於香港立法會前的蒙眼女神（La Giustizia）雕像，亦取意司法判斷依據理智，不為感官印象影響，亦為中西文化相合之處。

治亂安危存亡，其道固無二也。故至智棄智，至仁忘仁，至德不德。無言無思，靜以待時，時至而應，心暇者勝。凡應之理，清淨公素[1]，而正始卒[2]；焉此治紀[3]，無唱有和，無先有隨。古之王者，其所為少，其所因多。因者，君術也；為者，臣道也。為則擾矣，因則靜矣。因冬為寒，因夏為暑，君奚事哉？故曰：君道無知無為而賢於有知有為，則得之矣。

注釋

1 公素：公正而質樸。

2 始卒：楊樹達云：「始卒」當為「卒始」。此文上下有韻，此以「理」、「始」、「紀」為韻。

3 焉此：於此。

譯文

治亂、安危、存亡，其中道理本來就在此而別無他選。所以，最聰明的就必先捨棄心智，最仁愛的就必先捨棄仁愛，最有德行的就必先捨棄德行。不用言語，不用思慮，平靜等待時機，時機到了就順應而行，心情閒適的人就會勝利。凡應變的方法，在於清靜無為、公正樸素、從始到終都是這樣；這樣來作為治理國家的綱紀，沒有倡導，卻有和應；沒有率先走在前頭的，卻總有追隨者。古代帝王作為很少，順應外在客觀形勢的卻很多。順應外在客觀形勢，是君主治國的方法；有所作為，是臣下做事的法則。有所作為令人困擾，順應外在客觀形勢令人清靜自得。順應冬天客觀形勢因而寒冷，順應夏天客觀形勢因而暑熱，君主還須做甚麼事情呢？所以說，做君主的方法在於沒有知識、無所作為，然而卻能勝過那些聰明有為的君主，這樣也就掌握了君主治國的根本方法了。

知度

本篇導讀——

所謂「知度」，是指君主理當明晰治國之道在於「因而不為」，並駕馭臣下官員有度，這就是篇中所說：「知百官之要，故事省而國治也。」君主應該「因而不為，責而不詔，去想去意，靜虛以待，不代之言，不奪之事，督名審實，官使自司，以不知為道，以奈何為寶。」

明君者，非遍見萬物也，明於人主之所執也。有術之主者，非一自行之也[1]，知百官之要也。知百官之要，故事省而國治也。明於人主之所執，故權專而姦止。姦止則說者不來，而情諭矣；情者不飾，而事實見矣。此謂之至治。

注釋

1 一：一概的意思。

譯文

賢明的君主，不是萬事萬物都要知道，只須明察作為君主應該掌握的東西。治國有道的君主，並非一切事情都親自去做，而是明瞭治理百官的要領。明瞭治理百官的要領，事情少而國家太平。明察了君主應該掌握的東西，因而能大權獨攬、令奸邪止息。奸邪止息了，遊說的就不會來，實情就會清楚；實情不被虛飾，事實也就能顯現了。這就叫做最完美的政治。

至治之世，其民不好空言虛辭，不好淫學流說，賢不肖各反其質。其行情，不雕其素；蒙厚純樸[1]，以事其上。若此則工拙愚智勇懼可得而知矣[2]。以故易官，易官則各當其任矣。故有職者安其職[3]，不聽其議；無職者責其實，以驗其辭。此二者審，則無用之言不入於朝矣。君服性命之情，去愛惡之心，用虛無為本，以聽有用之言謂之朝。凡朝也者，相與召理義也[4]，相與植法則也[5]。上服性命之情，則理義之士至矣，法則之用植矣，枉辟邪撓之人退矣[6]，貪得偽詐之曹遠矣[7]。故治天下之要，存乎除姦；除姦之要，存乎治官；治官之要，存乎治道；治道之要，存乎知性命。故子華子曰：「厚而不博，敬守一事，正性是喜。群眾不周，而務成一能。盡能既成，四夷乃平。唯彼天符[8]，不周而周。此神農之所以長，而堯、舜之所以章也[9]。」

注釋

1 蒙：王念孫云：「蒙讀敦厖之厖」。

2 而知矣：此三字原脱，據《文選．謝靈運從游京口北固應詔詩》注引文補，見六臣注《文選》卷二十二。

3 安其職：「安」讀為「按」，「按其職」猶下文之「責其實」。

4 召：招致。

5 **植**：樹立。
6 **撓**：邪曲。
7 **曹**：眾。
8 **天符**：上天的符命。
9 **章**：通「彰」，顯明。**以**：用也。

譯文

政治最完美的社會中，老百姓不喜歡說空洞、虛假的話，不喜歡流言邪說。賢德的和不賢德的各自都恢復到其本來的素質，如實行事，不雕飾自己純樸的本性，保持敦厚純樸的品行來侍奉自己的君主。這樣，無論臣下是靈巧的、愚笨的、聰明的、勇敢的或是怯懦的，君主都可以清楚得知。君主依據臣下不同的素質來變動其官職，變動他們的官職便可使每個官吏都勝任自己的職務。因此，對於有職位的人，君主就按照他們在職位上的表現來論斷功過，無須聽其空談議論；沒有官職在身的人，君主只能按照他們的言辭，考察事實是否如其所言，驗證言辭是否屬實。這兩方面都加以明察，無用的言論就不能進入朝廷了。君主依照天性行事，摒棄愛憎之心，以虛無為根本，聽取有用的言論，這叫做朝會。所謂朝會，就是指君臣共同招致理義，共同制定法度。君主依天性行事，那麼，講求理義的人就會到來，法度的效用就會被確立，乖僻邪曲的人就會退去，貪婪偽詐之徒就會遠離。所以，治理天下的關鍵在於除掉奸邪；除掉奸邪的關鍵在於治理官吏；治理官吏的關鍵在於研習道術，研習道術的關鍵在於明瞭天性。所以子華子說：「君主應該力求深湛而不求廣博，謹慎地守住根本，喜愛順應天性。不求與人相同，而致力於所專執的根本。完全掌握了這種能力，四方就會平定。唯有這樣才符合天道，不求周備卻能使萬物周備。這就是神農之所以興盛，堯、舜之所以功名顯赫的原因。」

人主自智而愚人，自巧而拙人，若此則愚拙者請矣，巧智者詔矣[1]。詔多則請者愈多矣，請者愈多，且無不請也。主雖巧智，未無不知也。以未無不知，應無不請，其道固窮。為人主而數窮於其下，將何以君人乎？窮而不知其窮，其患又將反以自多，是之謂重塞之主，無存國矣。故有道之主，因而不為，責而不詔，去想去意，靜虛以待，不代之言[2]，不奪之事，督名審實，官使自司，以不知為道，以奈何為寶。堯曰：「若何而為及日月之所燭[3]？」舜曰：「若何而服四荒之外？」

禹曰：「若何而治青丘、化九陽、奇肱之所際[4]？」

注釋

1 詔：教。

2 不代之言：原作「不伐之言」，據王念孫説改，見許維遹《呂氏春秋集釋》。

3 燭：照。

4 青丘、奇肱（粵：轟；普：gōng）：原作「青北」、「奇怪」，今據王念孫及孫詒讓説改，見許維遹《呂氏春秋集釋》。

譯文

君主自以為自己聰明而別人愚蠢，自以為自己靈巧而別人笨拙，那麼被看成愚蠢、笨拙的人就來請求指示了，靈巧聰明的君主就要發佈指示了。發佈的指示越多，請求指示的就越多。請求指示的越多，將會事事皆來請求。君主即使靈巧聰明，也不能無所不知。憑着不能無所不知來應付無所不請，這種方法本來就是讓君主處於困窮的。當君主經常被臣下弄得困窮，又將怎樣治理百姓呢？處於困窮而不自知，君主又將犯自高自大的錯誤了。這就叫做受到雙重阻塞，受到雙重阻塞的君主就不能保住國家了。所以，治國有道的君主，順應外在的客觀形勢，萬事無為；督責臣下做事，而不發號施令。去除個人的想法和臆測，虛懷清靜，等待時機。不代臣下講話，不搶奪臣下的事情來做。依照名分來審視實際的情況，使每個官吏各司其事，君主以「不知道」為基本原則，以「無奈何」應對萬事並視之為瑰寶。堯說：「怎樣做才能使恩澤像日月那樣普照天下？」舜說：「怎樣做才能讓四荒邊遠地區的人們歸服？」禹說：「怎樣做才能治服青丘國，並使九陽山、奇肱國的人民得到教化？」

賞析與點評

這段倡言君主無為而臣子有為，認為「人主自智而愚人，自巧而拙人，若此則愚拙者請矣，巧智者詔矣。詔多則請者愈多矣，請者愈多，且無不請也。主雖巧智，未無不知也。以未無不知，應無不請，其道固窮。」表明君主自以為是，臣下只好阿諛奉承，不敢提出己見。這種道家哲學今天已廣為世界各國商業管理學家所接受，美國《企業管理百科全書》指出：「主管之職能，首在成事，而非作事，授權是成事之有效分身術，如主管把持過甚，事無巨細，事必躬親，必無法成事。」這充分證明《呂氏春秋》提出的道理，絕非空談，實為古代學者深思熟慮的哲學思想，彌足珍貴。

趙襄子之時，以任登為中牟令，上計[1]，言於襄子曰：「中牟有士曰膽胥己，請見之。」襄子見而以為中大夫。相國曰：「意者君耳而未之目耶？為中大夫若此其易也，非晉國之故。」襄子曰：「吾舉登也，已耳而目之矣。登所舉，吾又耳而目之矣，是耳目人終無已也[2]。」遂不復問，而以為中大夫。襄子何為任人，則賢者畢力。

注釋

1 上計：古代考核官員的措施。戰國、秦、漢時期，地方官員會在年終時將境內戶口、賦稅、盜賊、獄訟等不同項目編成計簿，遣吏逐級上報，最後奏呈朝廷，以資考績。

2 已：即「止」。

譯文

趙襄子執政的時候，委用任登為中牟令。任登在上呈全年的賬目時，向襄子推薦說：「中牟有個人叫膽胥己，請你召見他。」襄子召見了膽胥己，並任命他為中大夫。相國說：「我猜想你只是聽聞過他的名字而沒有親眼看到他的為人吧！任命他為中大夫，竟會是這麼容易的嗎？這並不符合晉國的法規。」襄子說：「我提拔任登時，已經耳聞目睹過他的情況了。任登所舉薦的人，我如果又再要耳聞目見，那麼我親自聆聽觀察人就會沒完沒了。」於是不再詢問，而任命了膽胥己為中大夫。這就是襄子所謂任用人臣的方法，如斯信任臣下，賢能的人都會竭盡所能。

人主之患，必在任人而不能用之，用之而與不知者議之也。絕江者託於船[1]，致遠者託於驥，霸王者託於賢。伊尹、呂尚、管夷吾、百里奚，此霸王者之船驥也。釋父兄與子弟，非疏之也[2]；任庖人、釣屠與仇人僕虜[3]，非阿之也[4]；持社稷立功名之道，不得不然也。猶大匠之為宮室也，量小大而知材木矣，訾功丈而知人數矣[5]。故小臣、呂尚聽而天下知殷、周之王也[6]；管夷吾、百里奚聽，而天下知齊、秦之霸也；豈特驥遠哉？

注釋

1 絕江：渡江。

2 非疏之：指其父兄子弟不肖，不能作為霸王之船驥，所以捨棄他們，非疏遠他們。

3 庖人：指伊尹。釣屠：指呂尚。原作「釣者」，據孫蜀丞說改，見陳奇猷《呂氏春秋校釋》。仇人：指管夷吾。僕虜：指百里奚。

4 阿：偏私。

5 訾（粵：資；普：zī）：相也。相功力丈尺，而知用人數多少也。

6 小臣：指伊尹。

譯文

君主的弊病，一定在於委任官職於人卻不讓他做事，或是讓他做事卻又與不了解他的人議論他。渡江的人憑靠的是船，遠行的人憑靠的是千里馬，成就霸業的人憑靠的是賢人。伊尹、呂尚、管夷吾、百里奚，這些人就像是成就霸業的人的船和千里馬。不任用父兄和子弟，並不是疏遠他們；任用廚師、釣魚人、屠夫和仇人、奴僕，並不是偏愛他們。這是保住國家、建立功名的根本原則，君主不得不如此。這就像卓越的工匠建造宮室，測量宮室的大小後，便知道所需要的木材了，估量工程的規模，便知道所需要的工人人數。所以小臣伊尹、呂尚被重用，天下人便知道商、周即將成就王業了；管夷吾、百里奚被重用，天下人便知道齊、秦即將成就霸業了；這些賢能之士又豈只是船和千里馬呢？

夫成王霸者固有人，亡國者亦有人。桀用羊辛，紂用惡來[1]，宋用唐鞅，齊用蘇秦，而天下知其亡。非其人而欲有功，譬之若夏至之日而欲夜之長也，射魚指天而欲發之當也，舜、禹猶若困，而況俗主乎？

注釋

1 惡來：紂的諛臣。

譯文

成就王業霸業當然要有人，亡國也要有人。夏桀重用干辛，商紂重用惡來，宋國重用唐鞅，齊國重用蘇秦，因此天下人都知道這些國家快將滅亡了。不任用賢人卻想建功立業，就好像在夏至這一天卻希望夜間漫長，射魚時卻把箭向着天一樣，舜、禹對此尚且感到困窘，更何況是一般的君主呢？

執一

本篇導讀——

本篇詳論治國之道在乎「執一」，即執守根本治身之道，進一步闡明「治國」之本在於「治身」。篇中稱述詹何之言，以說明「治身治國一理之術」：「為國之本在於為身，身為而家為，家為而國為，國為而天下為。」說明「身」、「家」、「國」、「天下」四者異位同本，恰好闡明「治身治國一理之術」。

天地陰陽不革[1]，而成萬物不同。目不失其明，而見白黑之殊；耳不失其聰[2]，而聞清濁之聲。王者執一，而為萬物正。軍必有將，所以一之也；國必有君，所以一之也；天下必有天子，所以一之也；天子必執一，所以摶之也[3]。一則治，兩則亂。今御驪馬者，使四人，人操一策，則不可以出於門閭者，不一也。

注釋

1 革：改變。

2 聰：原作「聽」，據陳昌齊說改，見許維遹《呂氏春秋集釋》。

3 摶（粵：專；普：zhuān）：畢沅認為「摶」與「專」同。

譯文

天地陰陽的規律不會改變，而所化育的萬物卻各不相同。眼睛沒有喪失視力，就能分辨黑、白的區別；耳朵沒有喪失聽力，就能分辨出清、濁不同的聲音。稱王的人掌握了根本，就可以成為萬物的主宰。軍隊一定要有將帥，這是為了指揮軍隊；國家一定要有君主，這是為了領導國家；天下一定要有天子，這是為了號令天下。天子一定要掌握治國根本方法，這是為了國家權力可以專注集中。專注集中就能治理好天下，分散不一就會天下大亂。譬如並排駕車的四匹馬，讓四人各執韁繩分別駕馭，那麼馬車甚至連駛出門閭也不能，這是因為馬匹的步調無法一致啊！

楚王問為國於詹子[1]。詹子對曰：「何聞為身，不聞為國。」詹子豈以國可無為哉？以為為國之本在於為身，身為而家為，家為而國為，國為而天下為。故曰：以身為家，以家為國，以國為天下。此四者，異位同本。故聖人之事，廣之則極宇宙、窮日月[2]，約之則無出乎身者也。慈親不能傳於子，忠臣不能入於君，唯有其材者為近之。

注釋

1 詹子：指詹何，古代道家學派的隱士。

2 宇宙：四方上下曰宇，古往今來曰宙，泛指最大的時間和空間。

譯文

楚王向詹子請教如何治理國家。詹子回答說：「我只聽說過如何修養自身，卻沒有聽說如何治理國家。」詹子難道認為國家可以不用治理嗎？他只是認為治理國家的根本在於修養自身，自身修養端正以後，家庭就能治理好，家庭治理好以後，國家便得到治理，國家治理好以後，天下就會大治。所以說，靠修身來治理家庭，靠治理家庭來治理國家，靠治理國家來治理天下。「身」、「家」、「國」、「天下」這四個方面，所處的地位不同，但它們的根本治理方法卻是相同的。所以聖人做事，從大處而言可以擴展到天地四方、古往今來，日月所能照及的地方，從小處而言卻離不開修養己身。以上的道理，慈愛的父母不一定能傳給兒子，忠臣也不一定能勸說君主採納，只有懂得自我反省的人才會明白。

賞析與點評

這段倡言治身治國一理之術，文中依據古代道家學者詹何之言，提出「為國之本在於為身，身為而家為，家為而國為，國為而天下為。」其實儒家學者亦有相近論說，《孟子・離婁上》云：「人有恆言，皆曰：『天下國家。』天下之本在國，國之本在家，家之本在身。」可見儒、道兩派學者論見亦多類同；《呂氏春秋》歸屬雜家，於戰國不同家派思想兼收並蓄，展現學術胸襟，有容乃大。可惜現代政治黨派分立，鮮能求同存異，實可痛惜。

田駢以道術說齊王[1]。齊王應之曰：「寡人所有者齊國也，願聞齊國之政。」田駢對曰：「臣之言，無政而可以得政[2]。譬之若林木，無材而可以得材[3]。願王之自取齊國之政也。」駢猶淺言之也，博言之，豈獨齊國之政哉？變化應來而皆有章，因性任物而莫不宜當，彭祖以壽，三代以昌[4]，五帝以昭，神農以鴻。

注釋

1 王：「王」字原脫，據《淮南子．道應》互見文獻補。

2 得政：《淮南子．道應》作「為政」。

3 得材：《淮南子．道應》作「為材」。

4 三代：指夏、商、周。

譯文

田駢以道術遊說齊王，齊王回答他說：「我所擁有的只是齊國，希望聽聽如何治理齊國。」田駢回答說：「我所說的雖然不涉及政事，但卻可以使國家得到治理。就好像樹木，它本身雖然不是木材，卻可以把它加工而成為木材。希望大王能從我的話語中感悟治理齊國的道理。」田駢是就淺顯的方面而言的，若就廣博的方面而言，難道僅限於治理齊國嗎？萬物變化反應都有其規律，根據事物的本性來使用萬物，就沒有不合宜的，彭祖因而長壽，夏、商、周三代因而昌盛，五帝因而功績卓著，神農因而興盛。

吳起謂商文曰[1]：「事君果有命矣夫！」商文曰：「何謂也？」吳起曰：「治四境之內，成馴教，變習俗，使君臣有義，父子有序，子與我孰賢？」商文曰：「吾不若子。」曰：「今日置質為臣，其主安重；今日釋璽辭官，其主安輕；子與我孰賢？」商文曰：「吾不若子。」曰：「士馬成列，馬與人敵，人在馬前，援桴一鼓[2]，使三軍之士，樂死若生，子與我孰賢？」商文曰：「吾不若子。」吳起曰：「三者，子皆不吾若也，位則在吾上，命也夫事君！」商文曰：「善。子問我，我亦問子。世變主少，群臣相疑，黔首不定，屬之子乎[3]？屬之我乎？」吳起默然不對，少選曰[4]：「與子。」商文曰：「是吾所以加於子之上已。」吳起見其所以長，而不見其所以短；知其所以賢，而不知其所以不肖。故勝於西河，而困於王錯，傾造大難，身不得死焉。夫吳勝於齊，而不勝於越；齊勝於宋，而不勝於燕；故凡能全國完身者，其唯知長短贏絀之化邪。

注釋

1 商文：《史記・吳起列傳》作「田文」。

2 桴（粵：俘；普：fú）：鼓槌。鼓：擊鼓。

3 屬：委託，付託的意思。

4 少選：須臾，一會兒。

譯文

吳起對商文說：「侍奉君主真是靠命運的吧。」商文說：「你這話是甚麼意思？」吳起說：「治理國家，完成教化，改變習俗，使君臣間維護信義，父子間深明親疏有序，你和我相比誰更強？」商文說：「我不如你。」吳起說：「一旦投靠君主當臣子，國君的地位就會尊貴；一旦卸去印璽，辭去官職，國君的地位就會輕卑。你和我相比誰更強呢？」商文說：「我不如你。」吳起說：「兵馬已經列成行陣，士兵和戰馬相匹敵，人在馬前手持鼓槌擊鼓，可以令三軍將士視死如歸。你和我相比誰更強呢？」商文說：「我不如你。」吳起說：「這三方面，你都不如我，可是你的職位卻比我高，侍奉君主真是靠命運啊！」商文說：「好吧。你問我，那我也來問問你。世道改變，君主年少，大臣之間猜疑重重，百姓不得安定，在這種情況下，應把政權託付給你呢，還是託付給我呢？」吳起沉默不語，須臾回答說：「託付給你。」商文說：「這就是我的職位在你之上的緣故。」吳起只看到自己的長處，卻看不到自己的短處；知道自己的優點，卻不知道自己的缺點，所以他能在西河打勝仗，卻又被王錯讒害而身處困境，不久更招來災禍，不得善終。吳國戰勝了齊國，卻不能戰勝越國；齊國戰勝了宋國，卻不能戰勝燕國；所以，凡是能夠使國家和自身都得以保全，大概只有那些知道長短、伸屈變化的人才能做到吧！

離俗覽

用民

本篇導讀——

本篇旨在論述使用人民的方法。文章開始指出：「凡用民，太上以義，其次以賞罰。」認為君主能否用民，乃國家存亡的關鍵。用民有方，必須從「紀」「綱」着手，所謂「紀」「綱」，即指人民的「欲」和「惡」。

凡用民，太上以義，其次以賞罰。其義則不足死，賞罰則不足去就[1]，若是而能用其民者，古今無有。民無常用也，無常不用也，唯得其道為可。

注釋

1 去就：去惡就善的意思。

譯文

凡是使用民眾，最好依靠德義，其次靠賞罰。如果靠德義不足以使民眾為之效死，靠賞罰不足以使民眾有所趨避，像這樣卻能使用民眾的，古往今來都沒有發生過。民眾不是總能使用的，也不總是不能使用的，只有掌握了使用民眾原則的君主才能使用他們。

闔盧之用兵也不過三萬[1]，吳起之用兵也不過五萬[2]。萬乘之國，其為三萬五萬尚多。今外之則不可以拒敵，內之則不可以守國，其民非不可用也，不得所以用之也。不得所以用之，國雖大，勢雖便，卒雖眾，何益？古者多有天下而亡者矣，其民不為用也。用民之論，不可不熟。

注釋

1 闔廬：吳王光。

2 吳起：衞人，楚將。

譯文

闔廬用兵不過三萬人，吳起用兵不過五萬人，萬乘大國的軍隊比三萬、五萬還多，如今對外卻不足以禦敵，對內不能保國，並非那裏的民眾不可使用，而是統治者沒有掌握使用民眾的原則。不掌握使用民眾的原則，國家即使強大，形勢即使有利，兵士即使眾多，又有甚麼用處呢？古代很多君主擁有天下，卻又亡了天下，因為所統治的民眾不為他所使用。使用民眾的理論，不可不熟知。

劍不徒斷，車不自行，或使之也。夫種麥而得麥，種稷而得稷，人不怪也。用民亦有種，不審其種，而祈民之用，惑莫大焉。

譯文

劍不會自行斬斷物體，車子不會自己運行，總是有人驅使它們這樣做。種麥得麥，種稷得稷，人們不會感到奇怪。使用民眾也有播種的問題，不考慮所播下的「種子」，卻要求民眾為自己所用，沒有甚麼比這更糊塗了。

當禹之時，天下萬國，至於湯而三千餘國，今無存者矣，皆不能用其民也。民之不用，賞罰不充也。湯、武因夏、商之民也，得所以用之也。管、商亦因齊、秦之民也[1]，得所以用之也。民之用也有故，得其故，民無所不用。用民有紀有綱[2]，壹引其紀，萬目皆起，壹引其綱，萬目皆張。為民紀綱者何也？欲也惡也。何欲何惡？欲榮利，惡辱害。辱害所以為罰充也，榮利所以為賞實也。賞罰皆有充實，則民無不用矣。

注釋

1 管：管仲。商：商鞅。

2 紀、綱：指漁網上控制網眼鬆緊的兩根繩子。

譯文

在大禹的時代，天下有一萬個國家，到了商湯時便剩下三千多個國家，到現在蕩然無存，因為他們都不能使用自己的民眾。民眾不為其用，因為賞罰不能落實。商湯、周武王依靠的是夏朝和商朝的民眾，這是因為他們懂得使用民眾的方法；管仲、商鞅依靠的是齊國和秦國的民眾，這是因為他們也懂得使用民眾的方法。民眾被使用是有原因的，懂得其中的原因，民眾沒有不為所用的。使用民眾有紀有綱，只要把握了漁網中的這兩根繩子，牽引紀那根繩，漁網上的網目就收起來；牽引綱那根繩，漁網上的網目就能張開了。治理民眾的紀綱又是甚麼呢？就是人民的欲求和厭惡。欲求甚麼？厭惡甚麼呢？欲求榮譽和利益，厭惡恥辱和禍害。恥辱和禍害是用以實施懲罰的，榮譽和利益是用以實施獎賞的。賞罰都能落實兑現，那麼民眾就沒有不為所用的了。

賞析與點評

《呂氏春秋》貴生説強調節欲重生，但〈用民〉則強調君主須使人民有欲有惡，人民需要「欲榮利，惡辱害。」意即鼓勵人民依從天性追求滿足欲念，厭惡辱害；然後君主因藉人民厭惡辱害而以刑罰加以管治，又因藉人民欲求榮利而以賞賜加以鼓勵。如此則「民無不用矣」。由此可見，所謂貴生思想，從來不是針對平民百姓的，而僅就帝王立說。

闔盧試其民於五湖[1]，劍皆加於肩，地流血幾不可止；勾踐試其民於寢宮，民爭入水火，死者千餘矣，遽擊金而卻之，賞罰有充也。莫邪不為勇者與懼者變[2]，勇者以工，懼者以拙，能與不能也。

注釋

1 試：用、習肄。

2 莫邪：古代良劍，不為勇者利，怯者純。與：王念孫以為當作「與」。

譯文

闔盧在五湖演習試驗他的國民，劍架在他們的肩頭，血流在地上，幾乎都不能阻止他們向前；勾踐曾經在寢宮演習試驗他的國民，人民爭着赴湯蹈火，死者達一千多人，他立即敲鑼退兵，才使他們退下來，這是因為他們的賞罰嚴明。莫邪利劍不因為勇敢者與怯懦者而改變其性能，但在勇敢的人手裏就靈巧，落在怯懦的人手裏便變得笨拙，這就在於會不會使用這種寶劍。

夙沙之民[1]，自攻其君，而歸神農。密須之民，自縛其主，而與文王。湯、武非徒能用其民也，又能用非己之民。能用非己之民，國雖小，卒雖少，功名猶可立。古昔多由布衣定一世者矣，皆能用非其有也。用非其有之心，不可察之本。三代之道無二，以信為管[2]。

注釋

1 夙（粵：縮；普：sù）沙：大庭氏之末世，其君無道，故自攻之。

2 管：法則。

譯文

夙沙部落的民眾，自發起來攻擊他們的國君，而歸順神農。密須的民眾自發起來捆綁他們的國君，而投靠文王。商湯、周武王不僅僅能使用自己的民眾，還能使用不屬於自己的民眾。能夠役使不屬於自己的民眾，國家雖小，士兵雖少，功名還是能夠建立的。古代有很多出身平民的人建立了一代王朝，關鍵在於他們都能正確地使用不屬於自己的民眾。使用他們而不能了解他們的心理，這是不能考察民眾的根本欲求。夏、商、周三代的管治原則沒有別的，以守信用為關鍵。

宋人有取道者[1]，其馬不進，剄而投之谿水[2]。又復取道，其馬不進，又剄而投之谿水。如此者三。雖造父之所以威馬[3]，不過此矣。不得造父之道，而徒得其威，無益於御。人主之不肖者，有似於此。不得其道，而徒多其威。威愈多，民愈不用。亡國之主，多以威使其民矣[4]。故威不可無有，而不足專恃。譬之若鹽之於味，凡鹽之用，有所託也，不適則敗所託而不可食[5]。威亦然[6]，必有所託，然後可行。惡乎託？託於愛利。愛利之心諭[7]，威乃可行。威大甚則愛利之心息，愛利之心息而徒疾行威，身必咎矣，此殷、夏之所以絕也。君、利勢也、次官也。處次官，執利勢，不可而不察於此。夫不禁而禁者，其唯深見此論邪。

注釋

1 取道：意指趕路。

2 到：殺，原作「倒」，據王念孫《讀書雜志》改，下同。谿水：原作溪水，據王念孫《讀書雜志》改。

3 造父：善於駕馬的人。

4 多以威使其民矣：「威」上原有「多」字，據《群書治要》卷三十九引文刪。

5 所：據《群書治要》卷三十九引文補。

6 威亦然：《群書治要》引「然」下有「矣」字。

7 諭：被知曉。

譯文

宋國有個驅車趕路的人，他的馬不肯前進，就把馬殺掉丟到谿水之中，換過一匹馬繼續驅車趕路，結果那匹馬又不肯前進，他又把牠殺了丟到谿水之中，如是者三。即使古代造父馭馬所展現的威嚴，也不過如此。沒有掌握造父的馭馬方法，僅學到他對待馬匹的威嚴，對馭馬並無好處。一些不賢明的國君，與此相似。他們不懂得役使民眾的方法，而只懂施以淫威，淫威越增，民眾越不能被使用。亡國的君主，大多靠淫威來役使民眾。威勢固然不可沒有，但專門依靠威勢就不足取了。這好比食鹽與口味的關係，大凡用鹽，總有依託，用得不當便會敗壞所依託的東西，結果無法食用。威嚇手段也是這樣，必須有所依託，然後才能行之有效。依託甚麼呢？依託愛民利民的措施。愛民利民的心理被民眾理解了，威勢就能夠通行。威勢太重就會使愛民利民的心思消失，愛民利民的心思消失，而只懂厲行威勢，自身必然遭殃，這就是商朝和夏朝所以滅亡的原因。君主，是操控利祿和威勢的人，有權論次百官職階；身處可以論次百官職階的尊崇地位，執持國家利祿、威勢之大權，就不能不熟察用民的理論。無須發佈禁令，即可禁止人民犯錯，要做到這一步，大概只有深刻了解用民道理的君主才能做到。

為欲

本篇導讀——

本篇承繼〈用民〉篇，提出「用民」的先決條件，乃在使民有「欲」。作者認為如人民無所好惡，君主便無從用之，不利於治身治國。

使民無欲，上雖賢猶不能用。夫無欲者，其視為天子也與為輿隸同[1]，其視有天下也與無立錐之地同，其視為彭祖也與為殤子同[2]。天子至貴也，天下至富也，彭祖至壽也，誠無欲則是三者不足以勸。輿隸至賤也，無立錐之地至貧也，殤子至夭也[4]，誠無欲則是三者不足以禁。會有一欲，則北至大夏，南至北戶，西至三危，東至扶木，不敢亂矣；犯白刃，冒流矢，趣水火[5]，不敢卻也；晨寤興[6]，務耕疾庸耜，為煩辱，不敢休矣。故人之欲多者，其可得用亦多；人之欲少者，其得用亦少；無欲者，不可得用也。人之欲雖多，而上無以令之，人雖得其欲，人猶不可用也。令人得欲之道，不可不審矣。

注釋

1 輿隸：奴隸。
2 殤（粵：傷；普：shāng）子：未成年而夭折的孩子。
3 勸：勉勵。
4 夭：指壽命短。
5 趣：與「趨」通，奔向的意思。
6 寤：睡醒。

譯文

假如人們沒有欲望，君主即使賢明，還是不能使用他們。沒有欲望的人，他們看待當天子和當奴僕是相同的；他們看待擁有天下，跟沒有立錐之地是相同的；他們看待當彭祖那樣長壽的人，跟當一個夭折的殤兒是相同的。天子是最尊貴的，天下是最富饒的，彭祖是最長壽的，假如人沒有欲望，那麼這三者都不足以激勵他們。奴僕是最低賤的，無立錐之地是最貧窮的，夭折的殤兒是最短命的，假如人沒有欲望，那麼這三者都不足以阻止他們胡作非為。如果有一種欲望，那麼北至大夏湖，南王北戶，西王三危，東至扶桑，人們都不敢作亂；即使是迎着鋒利的刀刃，冒着流矢，赴湯蹈火，人們也不敢退卻。清早醒來，努力耕種，受人雇用，辛勤勞苦，也不敢休息。所以，欲望多的人，可用的地方也多；欲望少的人，可用的地方也少；沒有欲望的人，就不可用了。人們的欲望即使很多，然而君主沒有把握恰當役使他們的方法，他們雖然滿足了自己的欲望，還是不可以被君主使用。使人滿足欲望的方法，不可不審察。

善為上者，能令人得欲無窮，故人之可得用亦無窮也。蠻夷反舌殊俗異習之國[1]，其衣服冠帶，宮室居處，舟車器械，聲色滋味皆異，其為欲使一也。三王不能革，不能革而功成者，順其天也；桀、紂不能離，不能離而國亡者，逆其天也。逆而不知其逆也，湛於俗也[2]。久湛而不去則若性，性異非性，不可不熟。不聞道者，何以去非性哉？無以去非性，則欲未嘗正矣。欲不正，以治身則夭，以治國則亡。故古之聖王，審順其天而以行欲，則民無不令矣，功無不立矣。聖王執一[3]，四夷皆至者，其此之謂也。

注釋

1 反舌：夷語，與中國相反，故曰反舌也。

2 湛：與「沉」通。

3 執一：掌握根本的意思。

譯文

善於作君主的人，能讓人們實現無窮無盡的欲望，所以人們可被利用的地方也是無窮無盡的。言語、風俗、習慣均與華夏不同的蠻夷之邦，他們的衣帽帶飾，房屋住處、車船器物，聲名飲食，都與華夏中原不同，然而他們都受欲望所驅使卻與華夏人民一樣。即使三王也不能改變這種情況，不能改變這種情況卻能成就功業，這是因為他們順應了人的天性；桀、紂不能背離這種情況，不能背離這種情況卻使夏、商滅亡，這是因為他們違背了人的天性。違反了人的天性自己卻不知道，這是因為沉溺於世情之中。長期沉溺於世情中而不能自拔，就會積習成性了。天性與非天性不同，不可以不認真辨別清楚。不懂讓人民獲得欲望，怎能去除人民非天性的一面呢？不能去除人民非天性的一面，那麼人民的欲望就不會正當了。欲望不正當，用它來修養自身，就會夭折；用它來治理國家，就會亡國。所以古代的聖王，慎察並順應人的天性，以便滿足、利用人們的欲望，那麼人們就沒有不聽命的了，功業就沒有不可建立的了。聖王執守用人的根本方法，四方夷狄都來歸附，大概指的就是這種情況吧。

賞析與點評

《呂氏春秋》此篇言「欲」，與〈貴生〉所述「貴生」的基本原則牴牾。「貴生」主張「欲有情」、「情有節」。所謂「節」，即謂一切以「貴生」出發，據此權衡世間事物之輕重得失。然而〈為欲〉篇明言「欲之多」者，其可得用亦多。《呂氏春秋》何故不曉萬民以「貴生」之義，使能避免為人君所用？由此可見，《呂氏春秋》「貴生」之論，其論說對象本來就不在於平民，而僅為人君立說。

貴信

本篇導讀——

本篇提出君主務必恪守誠信，開篇即云：「凡人主必信。信而又信，誰人不親。」主張君主貴信，賞罰分明；再從反面論證，指出「君臣不信，則百姓誹謗，社稷不寧。」如賞罰不信，「則民易犯法，不可使令。」可見誠信關係國家社稷，人民守法，乃君主治國所當謹慎者，其中義理又多與法家思想相合，淵源可考。

凡人主必信。信而又信，誰人不親？故《周書》曰[1]：「允哉允哉[2]！」以言非信則百事不滿也，故信之為功大矣。信立則虛言可以賞矣。虛言可以賞，則六合之內皆為己府矣。信之所及，盡制之矣。制之而不用，人之有也；制之而用之，己之有也。己有之，則天地之物畢為用矣。人主有見此論者，其王不久矣；人臣有知此論者，可以為王者佐矣。

注釋

1《周書》：古逸書。
2 允：表示真誠的意思。

譯文

凡是君主都一定要誠信。誠信了再誠信，誰會不親附呢？所以《周書》上說：「誠信啊，誠信啊！」這就是說若是沒有誠信，做任何事都不會成功。所以，誠信所產生的功效是很大的。信賞確立了，即使虛言不實，因有信約在先，仍當依約獎賞。虛言尚且可以得賞，那麼天下四方皆以我能信守承諾，因此都成為我的府庫。誠信所施及的地方，就能加以控制了。可以控制卻不加利用，就會為他人所有；可以控制並且加以利用，這才能為自己所有。自己擁有天下，那麼天地間萬物都盡為自己所用了。君主如明白這道理，就會很快稱王；臣子如明白這道理，就能當帝王的輔佐了。

賞析與點評

本篇要求君主守信，開篇說：「凡人主必信。信而又信，誰人不親？」意大利政治哲學家尼可羅·馬基亞維利（Niccolò Machiavelli, 1469—1527）是文藝復興的重要人物，他曾著《君主論》一書，提出現實主義的政治理論，其十八章說：「任何人都認為，君主守信，立身行事，不使用詭計，而是一本正直，這是多麼值得讚美！」可見君主守信，古今中外，皆所稱道。《呂氏春秋》的政治哲學，於君主品德修養多有要求，看似陳腔濫調，其實是至理名言。

天行不信[1]，不能成歲；地行不信[2]，草木不大。春之德風，風不信，其華不盛，華不盛則果實不生；夏之德暑，暑不信，其土不肥，土不肥則長遂不精[3]；秋之德雨，雨不信，其穀不堅，穀不堅則五種不成[4]；冬之德寒，寒不信，其地不剛，地

不剛則凍閉不闕[5]。天地之大，四時之化，而猶不能以不信成物，又況乎人事？

注釋

1 天行：即天道。《周易‧乾卦》：「天行健。」王引之《經義述聞》云：「《爾雅》：『行，道也。』天行，謂天道也。」《荀子‧天論》：「天行有常。」《說苑‧談叢》互見文獻作「天道有常」，並其證。

2 地行：即地道，謂大地的特性於四時有所不同，如夏季「土肥」，冬季「地剛」。

3 遂：成。

4 堅：好。

5 闕（粵：臂；普：bì）：原作「開」，孫詒讓《札迻》認為「開」當為「闕」，即「密」字。

譯文

假如天道不信守承諾，就不能形成歲時；地道不信守承諾，草木就不能茂盛。春天的特徵是風，風不能按時吹來，花就不能盛開，花不盛開，果實就不能結成；夏天的特徵是炎熱，炎熱不能按時出現，土壤就不會肥沃，土壤不肥沃，農作物的成長、收成都不會好；秋天的特徵是多雨，雨不能按時落下，穀物就不飽滿，穀物不飽滿，五穀就不能成熟；冬天的特徵是寒冷，寒冷不能按時出現，土地就凍結得不堅固，土地凍結得不堅固，地氣就閉封得不嚴密。天地如此之大，四時如此變化，尚且不能以不信守承諾來生成萬物，更何況是人事呢？

君臣不信，則百姓誹謗，社稷不寧；處官不信，則少不畏長，貴賤相輕；賞罰不信，則民易犯法，不可使令；交友不信，則離散鬱怨，不能相親；百工不信，則器械苦偽[1]，丹漆不貞[2]。夫可與為始，可與為終，可與尊通，可與卑窮者，其唯信乎！信而又信，重襲於身，乃通於天。以此治人，則膏雨甘露降矣[3]，寒暑四時當矣。

注釋

1 苦（粵：古；普：gǔ）：粗劣。

2 丹漆不貞：「丹漆」下原有「染色」二字，孫鏘鳴云：「以上皆四字為句，有韻之文，『染色』二字當是《注》文，轉寫者誤入正文耳。」今據刪。貞，正。

3 膏雨：指使大地肥沃的雨水。

譯文

君臣間缺乏誠信，百姓就會批評議論，國家不得安寧；當官的不誠信，年輕的就不會敬畏年長的，地位尊貴的人和地位卑賤的人就會彼此輕蔑；賞罰不誠信，百姓就會輕易犯法，不可以役使；結交朋友不誠信，就會離散鬱怨，不能彼此團結親近；各種工匠不誠信，所製造的器物就會粗劣，塗漆的顏料就不純正。可以一同起始，可以一同終結，可以一同顯達尊貴，可以一同窮困卑賤的，大概就只有誠信吧。誠信了再誠信，不停地以誠信修養自身，就能與天意相通了。用這種方法來治理人，滋潤大地的雨水和甘甜的露水就會合時而降，寒暑四季就會得當適宜了。

齊桓公伐魯，魯人不敢輕戰，去魯國五十里而封之[1]，魯請比關內侯以聽，桓公許之。曹翽謂魯莊公曰：「君寧死而又死乎？其寧生而又生乎？」莊公曰：「何謂也？」曹翽曰：「聽臣之言，國必廣大，身必安樂，是生而又生也。不聽臣之言，

國必滅亡，身必危辱，是死而又死也。」莊公曰：「請從。」於是明日將盟，莊
公與曹劌皆懷劍至於壇上。莊公左搏桓公，右抽劍以自承[2]，曰：「魯國去境數百
里，今去境五十里，亦無生矣。鈞其死也，戮於君前。」管仲、鮑叔進，曹劌按
劍當兩陛之間曰：「且二君將改圖[3]，毋或進者。」莊公曰：「封於汶則可，不則
請死。」管仲曰：「以地衛君，非以君衛地，君其許之。」乃遂封於汶南，與之盟。
歸而欲勿予。管仲曰：「不可。人特劫君而不盟，君不知[4]，不可謂智；臨難而不
能勿聽，不可謂勇；許之而不予，不可謂信。不智不勇不信，有此三者，不可以
立功名。予之，雖亡地亦得信。以四百里之地見信於天下，君猶得也。」莊公、
仇也，曹劌、賊也。信於仇賊，又況於非仇賊者乎？夫九合之而合，壹匡之而聽[5]，
從此生矣。管仲可謂能因物矣。以辱為榮，以窮為通，雖失乎前，可謂後得之矣。
物固不可全也。

注釋

1 去：距離。封：封土立界的意思。
2 承：佐也。
3 改圖：另行商議。

4「人特劫君而不盟」兩句：一本作「人將劫君而不知」。
5 壹匡：指齊桓公一匡天下，天下全都聽從他。

譯文

齊桓公攻打魯國，魯人不敢輕率交戰，在距離魯國都城五十里的地方築壘為界。魯君請求像齊國的封邑大夫那樣歸從齊國，桓公答應了。曹翽對魯莊公說：「你願意死而又死呢，還是願意生而又生呢？」莊公說：「你這話是甚麼意思？」曹翽說：「你若聽從我的意見，魯國國土必定廣大，你自身一定會安樂，這就是生而又生；若不聽從我的意見，魯國一定會滅亡，你自身一定會陷危蒙辱，這就是死而又死。」莊公說：「我願意聽從你的話。」於是第二天將要結盟時，莊公和曹翽都懷劍到會。莊公左手抓住桓公，右手拔劍指着自己，說道：「魯國離邊境本來有數百里，如今只剩下五十里了，實在無法生存。領土少得無法生存要死，跟你拚命同樣是死，我寧願死在你面前。」管仲、鮑叔欲上前，曹翽手按着劍站在兩階中間，說道：「現在兩位國君將另行商議，誰都不准上前。」莊公說：「在汶水封土為界就可以了，否則我寧願一死。」管仲說：「是用土地來保衛國君，而不是用國君來保衛國土的。你還是答應吧。」於是將國界定在汶水之南，並與魯國訂立盟約。齊桓公回國後還是不想還給魯國土地。管仲說：「不可以。人們只是要劫持你而不想和你訂立盟約，你卻不知道，這不能說是聰明；面臨危難卻不能不屈從於他人的脅迫下，這不能稱為勇敢；答應了人家卻反悔不交還土地，這不能稱為誠信。不聰明、不勇敢，不誠信，具備這三種行為，是不能建立功名的。我們還是把土地歸還魯國吧，即使失去土地，卻還能取得誠信。用四百里的土地來取信於天下，你還是有所得的。」莊公是齊桓公的仇敵；曹翽是盜賊，對仇敵和盜賊尚且講求誠信，更何況對待不是仇人盜賊的人呢？齊桓公九次會盟諸侯而能成功，匡正天下而使天下都聽命，就是由此而產生出來的。管仲可算是能夠因勢利導了。他把恥辱變為光榮，把困厄化為通達，雖然說先前有所失去，卻可以說後來有所得着了。事情本來就不可能盡善盡美。

侍君覽

達鬱

本篇導讀——

「達鬱」就是疏通君臣之間的阻塞壅閉，使其通達的意思。本篇從「達鬱」的角度論述君主應當重視賢臣，亦論及達鬱於養生之重要。文章承接《季春紀·盡數》，闡述精氣運行暢通無阻對身體健康是至關重要的，並指出體內精氣一旦鬱結，即會導致百病叢生。

凡人三百六十節[1]，九竅五藏六府[2]。肌膚欲其比也[3]，血脈欲其通也，筋骨欲其固也，心志欲其和也，精氣欲其行也[4]，若此則病無所居而惡無由生矣[5]。病之留、惡之生也，精氣鬱也。故水鬱則為污[6]，樹鬱則為蠹[7]，草鬱則為菑[8]。國亦有鬱。主德不通，民欲不達，此國之鬱也。國鬱處久，則百惡並起，而萬災叢生矣。上下之相忍也，由此出矣。故聖王之貴豪士與忠臣也，為其敢直言而決鬱塞也。

注釋

1 節：骨節。

2 九竅：眼、耳、口、鼻合共七竅，再加尿道、肛門合共九竅。五藏：即五臟，指心、肝、脾、肺、腎。六府：即六腑，指膽、胃、大腸、小腸、三焦（上焦、中焦、下焦）、膀肛。

3 比：致密、細密。

4 精氣欲其行：精氣使血脈運行，故曰欲其行也。

5 居：一本作「留」。

6 鬱：凝滯，不通也。

7 蠹（粵：到；普：dù）：蝎，木中之蟲。

8 菑（粵：知；普：zī）：指草因鬱而枯死。

譯文

人皆有三百六十個骨節，有九竅、五臟、六腑。肌膚應該使它細密，血脈應該使它通暢，筋骨應該使它堅固，心意應該使它平和，精氣應該使它運行。這樣，病痛就會無所滯留，惡疾就無法生成了。病痛的滯留、惡疾的生成，皆因精氣鬱結不通所致。所以，水流阻塞不通，便會變得污濁起來；樹木鬱結不通，就會被蟲所蛀；草木鬱結不通，就會枯亡。國家也有鬱滯不通的情況，君主的道德不通達，百姓的心願就不能實現，這是國家的鬱滯不通。國家長久處於鬱滯的狀況，各種邪惡之事便會相繼發生，各種災難也會一起降臨了。官民互相殘害，就是由此產生的。所以聖明的君主尊崇豪傑、忠臣，這是因為他們敢於直言勸諫，從而疏通君臣、官民之間的阻塞。

賞析與點評

此段提出養生的方法，在於精氣運行通達，無所鬱結，亦精氣流動不居之意，其中論及「精氣欲其行也，若此則病無所居而惡無由生矣。病之留、惡之生也，精氣鬱也。」可與《季春紀・盡數》相互印證，具見呂書養生之道。今天中醫強調血氣運行無阻，亦以氣能激發人體生長發育，促進臟腑、經絡及組織的生理功能。凡此種種理論，其實皆與《呂氏春秋》所言的精氣說相合。

周厲王虐民，國人皆謗。召公以告曰[1]：「民不堪命矣。」王使衛巫監謗者，得則殺之。國人莫敢言[2]，道路以目。王喜，以告召公曰：「吾能弭謗矣[3]。」召公曰：「是障之也[4]，非弭之也。防民之口，甚於防川；川壅而潰[5]，敗人必多[6]。夫民猶是也。是故治川者決之使導，治民者宣之使言。是故天子聽政，使公卿列士正諫，好學博聞獻詩[7]，矇箴師誦[8]，庶人傳語[9]，近臣盡規，親戚補察，而後王斟酌焉。是以下無遺善，上無過舉。今王塞下之口，而遂上之過，恐為社稷憂。」王弗聽也。三年，國人流王于彘[10]。此鬱之敗也。鬱者，不陽也。周鼎著鼠，令馬履之，為其不陽也[11]。不陽者，亡國之俗也。

注釋

1 召公：周大夫召公奭。

2 人：原文無「人」字，據互見文獻《國語．周語上》卷一補。

3 弭：止。

4 障：防止。

5 潰：缺口。

6 敗：《國語．周語上》卷一作「傷」。

7 詩：指諷諫之詩。

8 矇：眼睛看不見。師：瞽師。

9 庶人：平民百姓，因未有官職，所以不得見王，乃以傳語諷諫。傳語：通過口耳相傳以語於王。

10 彘（粵：自；普：zhì）：河東永安。

11 不陽：馬屬陽，鼠屬陰。馬、鼠相剋之證。

譯文

周厲王殘害百姓，國人都譴責他。召公把這個情況告訴了周厲王，說：「百姓實在無法再忍受了！」厲王就派衛國的巫者監視抒發怨言的人，抓住了以後就殺掉他。國中再無人敢說話了，彼此在道上相遇僅用眼神示意。厲王非常高興，把這個情況告訴召公，說：「我能消弭人民的誹議！」召公說：「這只是阻止人民的責議，並沒有消弭人民的怨言啊。塞住人民的嘴巴，這危害比堵塞流水更加嚴重。流水壅塞，一旦決潰，受傷害的人一定很多。治理人民亦然。因此，治水的人應該清除阻塞，疏導水流；治民者應該引導人民，讓人民盡情發言。所以，天子處理政事，讓公卿列士直言進諫，讓好學博聞的獻上諷諫詩，讓樂官進獻箴言，讓樂師吟誦諷諫之歌，讓平民百姓將意見通過口耳相傳轉達上來，讓身邊的臣子盡心規勸，讓親戚輔助他反思省察，然後天子才斟酌決定，再加以實行。因此，下面所有善言都沒有遺漏地呈獻上來，君主也不會有錯誤的舉動。如今大王堵塞百姓之口，鑄成了君主的過失，恐怕要釀成國家的憂患了。」厲王不聽。過了三年，國人就把厲王放逐到彘地。這就是鬱滯閉塞所造成的禍害。滯塞閉結，就是失去陽氣。周代的鼎上刻鑄着鼠的圖案，讓馬踩着牠，就是因為鼠代表陰。陽不勝陰，就是亡國的徵象了。

名句索引

三畫

四畫

六凡治亂存亡，安危彊弱，必有其遇，然後可成，各一則不設。 一九三

天下無粹白之狐，而有粹白之裘，取之眾白也。 一四八

天不再與，時不久留，能不兩工，事在當時。 一八〇

不出於門户而天下治者，其惟知反於己身者乎！ 一三九

不正其名，不分其職，而數用刑罰，亂莫大焉。 二五〇

今有聲於此，耳聽之必慊，已聽之則使人聾，必弗聽。有色於此，目視之必慊，已視之則使人盲，必弗視。有味於此，口食之必慊，已食之則使人瘖，必弗食。是故聖人之於聲色滋味也，利於性則取之，害於性則舍之，此全性之道也。 〇八〇

以身為家，以家為國，以國為天下。 二八五

以湯止沸，沸愈不止，去其火則止矣。 一二九

五畫

古之治身與天下者，必法天地也。 一一五

古之得道者，窮亦樂，達亦樂。所樂非窮達也，道得於此，則窮達一也。 二〇一

六畫

七畫

八畫

物也者，所以養性也，非所以性養也。 ○七九

物固有近之而遠、遠之而近者。時亦然。 一七六

治川者決之使導，治民者宣之使言。 三二四

治身與治國，一理之術也。 二四六

事之難易，不在小大，務在知時。 一七八

昔者先聖王，成其身而天下成，治其身而天下治。 一三二

使烏獲疾引牛尾，尾絕力勯，而牛不可行，逆也。使五尺豎子引其棬，而牛恣所之者，順也。 ○九二

所謂尊生者，全生之謂。所謂全生者，六欲皆得其宜也。 一○七

九畫

室大則多陰，臺高則多陽，多陰則蹷，多陽則痿，此陰陽不適之患也。 ○九三

故凡養生，莫若知本，知本則疾無由至矣。 一三二

故曰遇合也無常。說，適然也。 二一○

流水不腐，户樞不螻，動也。 一二五

聖人察陰陽之宜，辨萬物之利以便生，故精神安乎形，而年壽得長焉。 一二二

十四畫及以上

竭澤而漁，豈不獲得？而明年無魚。焚藪而田，豈不獲得？而明年無獸。詐偽之道，雖今偷可，後將無復，非長術也。 一八六

養有五道：修宮室，安床笫，節飲食，養體之道也。 一六八

論其貴賤，爵為天子，不足以比焉；論其輕重，富有天下，不可以易之；論其安危，一曙失之，終身不復得。 ○八八

賞罰之柄，此上之所以使也。 一八四

新　視　野
中華經典文庫

新 視 野

中華經典文庫